Volker Friebel

Mandalareisen mit Kindern

Naturmeditationen, Wahrnehmungsübungen, Fantasiereisen und Malvorlagen

Bilder von Jutta Knipping

Ökotopia Verlag Münster

Impressum

Autor: Volker Friebel

Illustrationen: Jutta Knipping, Georgsmarienhütte

Druck: Druckwerkstatt Münster

Satz: Studio Bandur, Bad Camberg-Würges

Herausgeber: BBS – Buchwerk Bernhard Schön, Hünstetten-Ketternschwalbach

Dieses Buch wurde auf garantiert chlorfreiem, umweltfreundlichem Papier gedruckt. Im Bleichprozess wird statt Chlor Wasserstoffperoxid eingesetzt. Dadurch entstehen keine hochtoxischen CKW(Chlorkohlenwasserstoff-)haltigen Abwässer.

Die Deutsche Bibliothek – CIP-Einheitsaufnahme

Mandalareisen mit Kindern [Medienkombination] : Naturmeditationen, Wahrnehmungsübungen, Fantasiereisen und Malvorlagen / Hrsg.: BBS – Buchwerk Bernhard Schön, Hünstetten-Ketternschwalbach. Volker Friebel. – Münster: Ökotopia-Verl.
ISBN 3-931902-32-3
Buch./ Ill.: Jutta Knipping 1998 CD. 1998
brosch.

Inhalt

Der Inhalt der CD

Gesamtzeit: 65 Minuten, 29 Sekunden

ZEICHENERKLÄRUNG DER TANZSCHRITTE

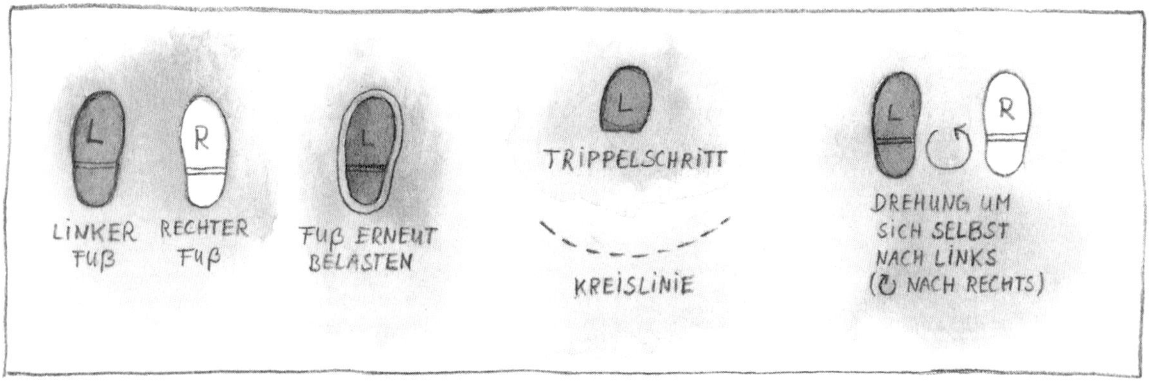

Vorbemerkungen

Das Paket besteht aus einem Buch, acht Ausmal-Mandalas und einer CD. Wie hängt das alles zusammen? Am besten lässt es sich bei der Anwendung erfahren. Die folgenden Vorbemerkungen dienen zum schnelleren Einstieg.

Das Buch

Hauptstück des Paketes ist das Buch. Es besteht aus Sachtexten, Anleitungen und Materialien. Eine Orientierung über die Art eines Textes bietet das Inhaltsverzeichnis. Unter den fettgedruckten Hauptüberschriften stehen dort die Themenüberschriften. *Kursiv gesetzt* finden sich dann Übungen und Geschichten aller Art. So sind sie für den Einsatz leicht aufzusuchen.

Das Buch ist wie folgt aufgebaut: Im ersten Hauptteil wird auf das Mandala eingegangen und das Konzept einer Mandalareise erklärt. Bestandteile einer Mandalareise werden vorgestellt, mögliche Themen erörtert und das konkrete Vorgehen gezeigt.

Der zweite Hauptteil besteht aus fünf genau ausgearbeiteten Mandalareisen. Auf benötigte Materialien, Ausmal-Mandalas und Stücke auf der CD wird verwiesen.

Der dritte Hauptteil enthält zwölf Mandalareisen, die zum Teil nur skizziert werden, zu denen aber alle Materialien entweder dort oder an anderer Stelle im Buch vorhanden sind.

„Über die Mitte" ist ein kurzes Stück mit Gedanken zum Sinn und zur Gestaltung der Mitte im Mandala.

„Naturerfahrung" erörtert, weshalb Naturerfahrung wichtig ist und unter welchen Vorzeichen sie dennoch ihren Sinn verfehlen kann.

Im letzten Hauptteil folgen die Anleitungen zu den fünf Tänzen auf der CD.

Im abschließenden Literaturverzeichnis finden sich vor allem Materialienbücher für weitere Mandalareisen.

Die acht Ausmal-Mandalas

Dem Paket sind acht Ausmal-Mandalas beigegeben. Diese dürfen – soweit es nicht gewerblich geschieht, das heißt soweit die Kopien nicht gewinnbringend verkauft werden – beliebig kopiert werden. Jedes der Ausmal-Mandalas bezieht sich auf mindestens eine der Mandalareisen im Buch. Welches Ausmal-Mandala für welche Mandalareise verwendet wird, steht bei den jeweiligen Mandalareisen. Natürlich können die Ausmal-Mandalas auch einfach so, außerhalb der Mandalareisen, Verwendung finden. Wegen des engen Bezugs zu verschiedenen Mandalareisen, sollten aber immer nur Kopien eingesetzt werden.

Die CD

Die beigelegte CD besteht aus einem Hörspiel mit eingearbeiteten Materialien zu den Mandalareisen. Im Buch wird immer wieder auf bestimmte Stellen der CD verwiesen, die alle einzeln angewählt werden können. Das Hörspiel kann aber auch für sich alleine stehen.

Falls kein CD-Spieler zur Verfügung steht: Die Überspielung auf Kassette ist erlaubt, soweit dies nicht gewerblich geschieht.

Zum Geleit

Die Beschäftigung mit Mandalas hat Spaß gemacht – und ich fand sie gerade in der Breite und Vielfalt von Mandalareisen sehr anregend. Es wäre mir eine Freude, wenn über die gedruckten Worte des Buchtextes etwas davon an die Leserinnen und Leser übermittelt werden könnte. Das Nachvollziehen der Texte gibt schon einen kleinen Einblick, aber erst das eigene Gestalten und Erleben erschließen Ihnen den tieferen Sinn der Mandalas, ihre stille Kraft und bewegte Ruhe.

Was ist ein Mandala?

Mandala – der heilige Kreis

Schneeflocken, der Mond, Glasbilder in Kathedralenfenstern, die Jahresringe des gefällten Baumstamms, Blüten, Blumen, Schneckenhäuser, das indianische Medizinrad, unser Sonnensystem, das Bohrsche Atommodell, der ganze Kosmos, die Anlage keltischer Kultstätten, der Aufbau traditioneller Dörfer, Kreisspiele und -tänze, die Wellenkreise von ins Wasser geworfenen Steinen: als Mandala wird so ziemlich alles bezeichnet. Alles scheint ein Mandala zu sein.

Was ist ein Mandala?

Eine Schneeflocke ist kein Mandala. Eine Schneeflocke ist eine Schneeflocke, ganz wie sie ist. Und „Schneeflocke“ ist nur ein Name für sie. Die Schneeflocke *ist*, obwohl sie ihren Namen nicht kennt. *Ich* bezeichne dieses wirbelnde tanzende Ding, das kühl macht und schmilzt, wenn ich es berühre, das funkelt, wenn es liegt und sich die Sonne darin bricht, als Schneeflocke. *Ich* betrachte die Schneeflocke als Mandala.

„Mandala“ zu sagen ist eine Art, Dinge anzuschauen.

„Mandala“ zu sagen heißt die Dinge zu sehen – und eine Struktur, die ihnen zugrunde liegt: den Kreis.

„Mandala“ ist ein Wort aus der alten indischen Sprache Sanskrit, die in ihrer Bedeutung etwa unserem Latein entspricht (das sogar mit ihr verwandt ist). Mandala bedeutet „Kreis“ oder „Ring“.

Seit etwa zweitausend Jahren werden Mandalas als Hilfe verwendet, sich der Wirklichkeit zu nähern. Mandalas sind dabei nicht auf eine bestimmte philosophische oder religiöse Richtung beschränkt. Alle solchen Versuche, Grundprinzipien hinter der sichtbaren Welt aufzuzeigen – oder die Verbindungen in der sichtbaren deutlich zu machen – können zwanglos als Mandala bezeichnet werden, gleichgültig in welcher Kultur sie auftreten, ob bei den Kelten, den Indianern, den Indern, bei afrikanischen Völkern oder bei uns. „Mandala“, das ist der heilige Kreis.

Mandala – eine Reise

Mandalas sind bei uns durch das Mandalamalen bekannt geworden. Über das Ausmalen von kreisförmig angelegten Bildern soll dabei Ruhe und Konzentration erreicht werden. Das kann zwar richtig sein, stellt aber doch eine starke Verknappung der Möglichkeiten von Mandalas dar.

Eigentlich ist ein Mandala immer eine Reise. Der Betrachter vollzieht eine Bewegung: um eine Mitte, von außen nach innen, von innen nach außen. In einem Mandala sollen die Stationen der Reise bewusst vergegenwärtigt werden.

Wir wollen versuchen, diesen Aspekt wieder stärker zu betonen. Dazu werden auch weitere Elemente hinzugefügt, die den ganzheitlichen Charakter des Mandalaerlebens fördern und ausbauen.

Eine Mandalareise in unserem erweiterten Begriff umfasst die Beschäftigung mit naturhaften Materialien (oder Symbolen dafür): Sie werden ausgesucht, gesammelt oder hergestellt. Aus ihnen wird ein Kreisbild aufgebaut. Ist dieses Mandala gelegt, erfolgt eine stärker innenbezogene Beschäftigung mit den Naturmaterialien oder dem Thema des Mandalas. Im anschließenden Tanz wenden wir uns wieder nach außen. Und schließlich kann noch gemalt werden.

Eine Mandalareise folgt so einer übergeordneten Bewegung von außen nach innen und wieder nach außen. Ruhe und Bewegung wechseln sich ab. Das Thema der Mandalareise wird so umfassend erlebt, es wird mit allen Sinnen und dem ganzen Körper erfahren.

Bestandteile einer Mandalareise

Eine Mandalareise kann kurz sein: aus vorhandenen Materialien wird ein Bild gelegt und in der Gestaltung erfahren. In unserem erweiterten Sinne gehören meistens mehr Elemente dazu. Diese können, müssen aber nicht immer vorkommen. Hier seien sie alle im Überblick vorgestellt.

Materialiensuche

Ist ein Thema festgelegt, werden Materialien besorgt. Besonders schön ist das auf einem gemeinsamen Naturspaziergang. Je nach Thema können dort Steine gesammelt werden, Früchte, Blumen, Tannenzapfen, Quellwasser, Vogelfedern, Wurzeln und Blätter.

Andere Themen lassen sich am besten über Collagen verwirklichen. Zeitschriften werden zusammen durchgeschaut und passende Bilder ausgeschnitten.

Die Materialiensuche erfolgt auf das gewählte Thema hin. Die Materialien müssen so ausgesucht werden, dass sie „passen". Schon hier findet also eine erste eigene Auseinandersetzung mit dem Thema statt.

Mandalalegen

Ein grobes Konzept für das Mandala wird überlegt, soweit noch nicht geschehen. Wie wird die Mitte gestaltet? Wie werden die gesammelten oder andersweitig besorgten Materialien um die Mitte herum geordnet?

Die Materialien werden ausgelegt. Dabei machen alle mit. Vor allem wenn viele Kinder beteiligt sind, sollten klare Vorgaben gemacht werden. Beispielsweise legt jeder drei Blätter. Oder jeder einen Stein, ein Blatt und eine Feder. Oder jeder legt ein ausgeschnittenes Bild in den ersten, den zweiten und den dritten Kreis um die Mitte.

Über die konkrete Gestaltung des Mandalas und das Überlegen, wo welche Materialien am besten passen, setzt sich die Beschäftigung mit dem Thema fort.

Sinnesübung

Materialiensammeln und Mandalalegen sind sehr konkrete Tätigkeiten. Auch Sinnesübungen bleiben immer noch auf einer konkreten Ebene. Die Aufmerksamkeit beginnt sich aber nach innen zu verlagern. Weniger die Gegenstände selbst, weniger die Kastanien, Federn, Steine, sondern ihre Wirkung auf uns, auf unsere Empfindungen und Einstellungen sind jetzt das Thema – und die Veränderung dieser Empfindungen und Einstellungen durch ihr Bewusstwerden.

Das Mandala ist gelegt und gemeinsam betrachtet. Nun werden Teile herausgenommen und sinnlich genauer wahrgenommen. Wenn das Mandala unter der Entnahme zu sehr leiden würde, können meistens auch ähnliche überzählige Materialien, beispielsweise weitere Blätter, Bucheckern, Kastanien, Steine für diese Sinnesübung verwendet werden.

Thematisch kann hier ganz Unterschiedliches angesprochen werden. In der jeweiligen Mandalareise ist das ausgeführt. Im folgenden eine allgemein gehaltene Übungsanweisung, die bei vielen Naturmaterialien gut passt und sehr gut auch einzeln im Sinne einer Stilleübung durchgeführt werden kann.

Stille empfinden, Kraft empfinden

Ein Gegenstand – je nach Thema eine Kastanie, eine Feder, ein Stein, ein Blatt, eine Frucht oder anderes – wird mit geschlossenen Augen ertastet. Zunächst steht ganz das Ertasten im Vordergrund.

Nach einiger Zeit (nicht zu lange) werden die Kinder aufgefordert, in den Gegenstand hineinzulauschen, ob sie seine Stille (oder seine Kraft oder beides) wahrnehmen können.

Das kann – mit Tönen eines Gongs, einer Triangel oder einer Klangschale als Zeichen zum Wechsel – mit mehreren Gegenständen wiederholt werden. In diesem Fall soll außerdem darauf geachtet werden, bei welchem Gegenstand die Stille (oder Kraft oder beides) am größten ist.

Anschließend wird über das Erlebte geredet.

Fantasiereise

Eine Fantasiereise oder Geschichte verlässt die konkret vorhandenen Gegenstände, verlässt das gelegte Mandala und greift sein Thema in anderer Art und Weise auf. Fantasie und früher Erlebtes oder anderweitig Erfahrenes kommen nun zur Sprache und tragen das ihre bei zur möglichst umfassenden Erkundung des Themas.

Fantasiereisen sprechen die eigenen inneren Bilder der Hörenden an. Sie sollten deshalb langsam gelesen oder vorgetragen werden, mit Raum zwischen den Sätzen und Absätzen, damit sich diese eigenen Bilder entwickeln können und die Kinder nicht immer damit beschäftigt sein müssen, dem Fluss des Gesagten nachzueilen.

Grundsätzlich eignen sich Fantasiereisen für jedes Kindesalter – auch für Erwachsene. Die Worte allerdings müssen dem Alter der Kinder angepasst sein. Der gedruckte Text ist so gegebenenfalls zu korrigieren, auch zu kürzen oder (seltener) zu verlängern.

Die Sprechpausen können je nach Alter und Entwicklungsstand der Kinder unterschiedlich lang sein. Achten Sie einfach, auf die Reaktionen der Kinder und fragen Sie im Anschluss an die Fantasiereise, ob eher mehr oder weniger Zeit gut wäre.

Die Augen der Zuhörenden sind während der Fantasiereise am besten geschlossen, damit sich die inneren Bilder optimal entwickeln können. Wenn ein Kind die Augen auflassen möchte, ist das aber auch in Ordnung.

Gut ist es, wenn nach der Fantasiereise noch etwas Zeit für Gespräche bleibt, die Eindrücke der Zuhörenden – die sehr unterschiedlich sein können – ausgetauscht werden können.

Tanz

Von den inneren Bildern, von der Ruhe und Entspannung geht es nun wieder nach außen. Ein Rundtanz setzt die

Beschäftigung mit dem Thema in Bewegung um. Auf der beiliegenden CD sind fünf Instrumentalstücke passend zu den jeweils aufgeführten Tanzschritten enthalten. Natürlich kann auch eine andere Musikbegleitung gewählt werden.

Malen

Nach der Bewegung kommen wir wieder zur Ruhe, in Form eines Mandala-Malens. Dazu gibt es verschiedene Möglichkeiten.

Entweder das Malen wird völlig freigestellt, jeder soll malen, was von den Aktivitäten am meisten gefallen hat, ohne weitere Vorgaben: Dann können die Bilder nachher um die Kreismitte gelegt werden, als Erweiterung des dortigen Mandalas.

Oder das Einzelbild selbst kann frei als Mandala gestaltet werden. Dazu kann es ganz unterschiedliche Vorgaben geben. Ein Vorschlag zur ersten Mandalareise (s. S. 14 ff.): In der Mitte wird ein Kreis mit einer Kastanie gemalt. Um diesen Kreis herum sind große Kreise angeordnet, die den Innenkreis und die Nachbarkreise berühren, so das Blatt gut ausfüllen und Platz für kleine Zeichnungen lassen. In jeden Kreis kommt eine unserer Aktivitäten um die Kastanie. Wenn alle durchgeführt wurden, sind das fünf Kreise, je einer für den Naturspaziergang, bei dem die Kastanien gesammelt wurden, das Mandalalegen, die Sinnesübung mit der Kastanie, die Fantasiereise, den Tanz. Es soll einfach etwas gemalt werden, das besonders an die jeweilige Aktivität erinnert.

Als dritte Möglichkeit können (kopierte) Ausmalmandalas verteilt und ausgemalt werden. Bei der jeweiligen Mandalareise ist aufgeführt, welches der beigegebenen Ausmalmandalas sich hierfür am besten eignet.

Auch die Bilder der letzten und vorletzten Möglichkeit werden um die Mitte, um das gelegte Mandala, angeordnet und gemeinsam betrachtet.

Abschluss

Mit dem Mandalamalen und der Betrachtung der Bilder endet die Mandalareise. Schön ist es, wenn das Mandala noch ein oder zwei Tage ausliegen kann. Auf jeden Fall sollte es von allen Beteiligten zusammen aufgelöst werden, gleichgültig ob nun sofort nach dem Malen oder später.

Die Einzelteile können verteilt werden, Blumen kommen in Vasen, anderes

wird in die Natur zurückgebracht ...
Entstandene Bilder sollten aufbewahrt werden. Im Moment scheinen sie vielleicht wenig wert, aber später erinnern wir uns über sie gerne zurück.

Zum Rahmen

Die Mandalareisen des Buches sind für Kinder gedacht, und zwar für Kindergruppen. Ich habe einzelne Reisen aber auch mit Erwachsenen durchgeführt und war überrascht, wie wenig dabei verändert werden mußte. Bei der Umsetzung mit Jugendlichen habe ich noch keine Erfahrung, hier dürfte es aber ähnlich sein.

Mandalareisen können in ganz unterschiedlichem Rahmen stattfinden. Sei es im Kindergarten, in der Schule, in Ferienfreizeiten, bei Kindergeburtstagen, in Pfadfindergruppen, im Konfirmantenunterricht oder in der Firmungsgruppe: Überall wo Kinder mehrere Stunden zusammen verbringen, besteht eine Möglichkeit dazu.

Der zeitliche Rahmen kann sehr stark variieren. Die einfachste Form kann beispielsweise darin bestehen, daß die Kinder am Vortag als Aufgabe bekommen haben, einige Blätter oder Beeren oder Steine mitzubringen. Die werden nun einfach um eine Kerze gelegt. Und anschließend findet eine kurze Stilleübung oder eine Fantasiereise statt. Mehr als eine Viertelstunde muß das nicht dauern. Komplexe Mandalareisen, beispielsweise zu den Gefühlen, können dagegen mehrere Tage in Anspruch nehmen.

Themen

Eine Mandalareise ist eine Möglichkeit, sich mit den verschiedenartigsten Dingen auseinanderzusetzen – und oft tiefer auseinanderzusetzen als dies sonst möglich ist.

Da kann einfach die Beschäftigung mit Natur sein: Wir sammeln Federn, Steine, Blätter, Wurzeln, Kastanien, Eicheln, Bucheckern, pflücken Blumen und ordnen das Aufgenommene zu Hause oder in der Natur kreisförmig an.

Wir beschäftigen uns mit dem Zusammenhang zwischen den Dingen: dem sichtbaren beispielsweise von Blättern und Wurzeln und Eicheln, und mit der Abhängigkeit der sichtbaren Dinge voneinander und von unsichtbaren Gegebenheiten, beispielsweise durch die vier Elemente symbolisiert, durch Himmel, Erde, Feuer und Wasser. Das Zusammenspiel der Dinge miteinander und ihr prozesshafter Charakter werden so näher erfahren.

Wir beschäftigen uns mit unseren Beziehungen zu den Dingen, mit unserem Fühlen, Hören, Sehen, Begreifen. Auch wir sind ein Teil dieser netzartigen Zusammenhänge und können vielleicht ein bisschen davon in der Mandalareise erfahren.

Wir beschäftigen uns mit uns selbst und mit Beziehungen zwischen den Menschen. Auch Mandalareisen über Gefühle und Verhaltensweisen sind möglich und sinnvoll. Sie lassen uns Erscheinungsweisen von Verhalten und Gefühlen, ihre Bedingtheiten, ihre Auswirkungen, die guten und schlechten Seiten von Trauer, Freude, Angst tiefer verstehen als es mit jedem bloßen „Darüber-Reden“ möglich wäre.

Konkretes Vorgehen

In dieser Reihenfolge kann eine Mandalareise durchgeführt werden.

Verabredung eines Themas: bei den ersten Mandalareisen einfach die Beschäftigung mit Natur, beispielsweise mit Herbstblättern oder Steinen oder Blumen.

Materialsuche: am besten auf einem Naturspaziergang.

Mandalalegen: die Mitte und ein bis drei Kreise um die Mitte herum.

Sinnesübung: mit Teilen aus dem Mandala oder zusätzlichen Materialien der selben Art.

Fantasiereise oder Geschichte.

Tanz: ein Rundtanz um das Mandala.

Malen: beispielsweise der beigegebenen Ausmalmandalas.

Aufhebung des Mandalas.

Nicht alle Bestandteile müssen zusammen durchgeführt werden, wichtig ist einfach eine breite, vielfältige und konkrete Beschäftigung mit dem Thema. Das kann sich über Tage erstrecken. Es geht auch viel kürzer – aber die Zeit sollte nicht zu knapp angesetzt werden.

Entscheidend ist die eigene Beteiligung. Eigenes muss eingebracht werden können: der selbst gefundene und mitgebrachte Stein, die selbst gesammelten Blätter, die beim Spaziergang am See entdeckten Schwanenfedern. Wir erfahren durch Tun.

Im folgenden fünf ausgearbeitete Mandalareisen. Diese Ausarbeitungen können als Wegweiser dienen. Alle auf schriftlichem Wege weitergebbaren Materialien sind enthalten. Zu jeder dieser Reisen existiert ein Ausmalmandala.

Anschließend zwölf kürzer skizzierte Mandalareisen. Auch hier sind Materialien vorhanden oder es wird auf sie verwiesen.

Die Zahl möglicher Mandalareisen ist unendlich. Und jede wird neu sein. Wiederholungen gibt es im Fernsehen, aber nicht beim eigenen Tun.

Ausgearbeitete Mandalareisen

Kastanienmandala

Wir sammeln Kastanien. Da muss ein Geheimnis sein um diese Verborgenheit im Wipfel der hohen Bäume, um das Stachelkleid, um den Schimmer der inneren Schale, um die Verborgenheit der gefallenen Frucht im herbstlichen Gras zwischen gefallenen Blättern, um das Runde und Glatte der Kastanienfrucht in der Hand.

Naturspaziergang

Zuerst müssen Kastanien, Kastanienblätter und noch einige andere Dinge aus der Umgebung besorgt werden. Wir sammeln Kastanien und einen oder mehrere große Kastanienfächer (Stiel mit mehreren Blättern daran). Auch Kastanienschalen nehmen wir mit. Und wenn wir sie finden, auch eine Kastanie, die noch in der Schale ist, vielleicht aber schon durch einen Spalt herauslugt in die Welt.

Wir schauen uns um unter den Bäumen und überlegen, wie die gesammel ten Kastanien in den Zusammenhang dessen eingebettet sind, was wir sehen. Da ist der Baum, von dem sie stammen. Da ist die Erde, in der der Baum wurzelt und auf der die Kastanien liegen. In der Erde sind Nährstoffe, Wasser, Mineralien. Da ist der Himmel, in den der Baum wächst, mit seinem freien Raum. Da sind die Wolken, die Regen bringen. Da ist die Sonne mit ihrem Licht. Erde – Himmel – Feuer (Licht) – Wasser: Wir finden die vier Elemente um die Kastanien versammelt. Wir überlegen, was wir von den Elementen mitnehmen können oder wie wir sie später zu Hause in unserem Mandala darstellen.

Mandala legen

Zu Hause (nach einer Pause und einem Imbiss) legen wir das Mandala, z.B. auf einem weißen Tuch oder einem großen Tablett. Wenn wir nachher noch tanzen und malen möchten, sollte das Mandala in der Raummitte gelegt werden oder leicht dorthin transportierbar sein.

Als Unterlage verwenden wir einen Kastanienblattfächer. Wo die Einzelblätter des Fächers zum Stiel zusammenlaufen, setzen wir die Mitte unseres Mandalas an. Auf diese Mitte legen wir eine besonders schöne Kastanie, am besten eine, die noch in der stacheligen Schale ist, aber durch einen Spalt schon neugierig herausschaut.

Außen ordnen wir unsere Symbole für die vier Elemente an, die unsere Kastanie zum Entstehen brauchte: Das Licht wird am besten durch eine Kerze symbolisiert, das Wasser durch ein blaues Schälchen mit Wasser, die Erde durch ein wenig Erde, einen Stein oder andere Naturmaterialien, der Himmel durch eine Feder oder ein Tuch (möglichst blau oder regenbogenfarben).

Unsere anderen Kastanien und Kastanienschalen, eventuell auch ein paar Blätter, verwenden wir zur Dekoration. Sie können überall auf die Blätter oder die Unterlage gelegt werden. Schön ist es, wenn sie eine Verbindung von innen (Kastanie) und außen (die vier Elemente) andeuten, beispielsweise durch (zwanglose) Reihen von Kastanien und Kastanienschalen von den vier Eckpunkten zur Mitte.

Sinnesübung Kastanie

Wir haben das gelegte Mandala betrachtet. Nun möchten wir Teile von ihm noch tiefer erfahren. Wir beginnen mit einer Sinnesübung. Jeder nimmt eine Kastanie und setzt sich bequem hin. Jemand kann eine Anleitung sprechen, die anderen vollziehen sie nach. Oder vorher wurde schon gesagt, auf was es bei der Sinnesübung ankommt. Die Anleitung kann folgendermaßen lauten (mit genügend Zeit zwischen den Absätzen, hier symbolisiert durch (...)):

Wir haben jeder eine Kastanie in der Hand – und wir spüren sie einfach. Wir drehen sie zwischen den Fingern – aber langsam und sehr bewusst, wir wollen sie nämlich so genau spüren, wie es nur geht.(...)

Wir halten sie ganz in einer Hand geborgen und achten darauf, ob wir etwas von der Kraft empfinden können, die in ihr liegt, die sie groß werden lassen kann, bis zu einem Kastanienbaum. Wir achten auf diese Kraft in ihr – die ist geborgen ganz in der Stille.(...)

Wir achten auf das Runde, Glatte der Kastanie. In diesem Runden, Glatten ist ihre Kraft sicher geborgen.(...)

Vielleicht empfinden wir noch anderes dazu. Vielleicht empfinden wir die Kastanie eher als hell oder als dunkel – eher als leise oder als laut – eher als klein oder als groß – eher als hart oder als weich – und als noch ganz anders außerdem.(...)

Dann achten wir wieder auf die Kraft. Wir achten auf die Kraft, ob wir sie in der Kastanie spüren.(...)

Wenn wir die Kraft spüren, dann achten wir tief in uns selbst hinein. Vielleicht spüren wir etwas von dieser Kraft auch in uns.

Wenn eine solche Übung schon öfter gemacht wurde, kann sie auch variiert werden. Beispielsweise liegt in der einen Hand die Kastanie, die andere umfasst – eventuell nacheinander – verschiedene andere feste Materialien (einen Stein, ein Stück Holz). Dabei wird immer versucht, die Unterschiede zwischen der Kastanie und den anderen Dingen möglichst klar zu empfinden.

An diese Sinnesübung kann zwanglos eine Fantasiereise angehängt werden, möglichst eine thematisch passende, etwa die folgende über den Lebenslauf einer Kastanie.

Kastanienleben
Fantasiereise

Der alte Kastanienbaum steht breit auf dem Hügel. Im Verborgenen zwischen den Blättern sind seine Früchte herangewachsen, in ihren stachligen Schalen. Sie wuchsen im Dunkeln. Aber nun sind sie reif geworden und ahnen das Licht der Sonne.

Eine Windböe geht durch den Baum. Ein paar Stachelkugeln lösen sich und poltern durch das Geäst auf den Boden. Dumpf schlagen sie auf. Eine der Schalen springt auf und die braune Kastanie rollt heraus, ein Stückchen den Hügel hinunter. An einem Grasbüschel bleibt sie hängen.

Die Tage gehen dahin, und die Nächte. Die Sonne zieht ihren Bogen über den Himmel. Die Kastanie liegt immer nur da.

Tagelang hat es stark geregnet, alles ist aufgeweicht. Aber nun kommt die Sonne wieder heraus und macht die Welt freundlich und schön. Kinder sind unterwegs auf der Hügelwiese, sie wollen hoch zum Kastanienbaum. Ein Junge tritt zufällig auf die Kastanie am Grasbüschel. Er sieht sie gar nicht. Tief drückt sein Schuh sie hinein in die aufgeweichte Erde.

Die Erde hat sich über der Kastanie geschlossen. Da ruht sie nun, geborgen in warmer Dunkelheit. Tage und Wochen und Monate ziehen über sie hin. Die Kastanie weiß nichts davon, sie fühlt nur die Kraft in sich, sie fühlt die Kraft rund in sich ruhen.

Monate gehen dahin und irgendetwas verändert sich. Das Erdreich wird wärmer. Es ist wie ein Murmeln, das durch die Erde geht.

Die Kraft in der Kastanie beginnt zu wachsen, wächst immer mehr an. Es ist wie ein Pochen, wie ein Pulsieren. Es ist eine Bewegung nun in der Kraft.

Eines Tages durchstößt die Kraft das Runde. Aus der Kastanie wächst ein Spross. Er findet sicher den Weg.

Bald durchstößt der Spross den Boden und sieht zum erstenmal Licht. Er wächst weiter, in diesem Licht, zwischen Gräsern und frühen Blumen. Zarte Blätter entfalten sich aus dem Spross.

Bald ist der Spross ein dünnes Stämmchen geworden, das steht da sicher im Licht. Die kleine Tochter des Bauern hat es zufällig entdeckt und aus einfachen Stecken und Draht einen Schutz um es herum errichtet, damit die Kühe das zarte Bäumchen nicht anfressen. Der Bauer hat dazu gelacht, aber er sagte: „Das wird einmal Schatten für die Kühe geben." Das junge Kastanienbäumchen wächst weiter.

Der Frühling zieht hin, der Sommer, der Herbst. Die wenigen Blätter des Kastanienbäumchens fallen ab. Im Winter zieht sich seine Kraft wieder fast ganz ins Runde zurück.

Ein neuer Frühling kommt und das Wachstum geht weiter. Frühling auf Frühling folgt, das Bäumchen wächst höher und höher. Längst hat das Bauernmädchen seine Stecken um den Baum ersetzt und einen richtigen Schutz vor den Kühen errichtet. Die weiden in Blumen und Gras.

Viele Jahre sind vergangen und die Kühe liegen im Schatten unter dem Baum. Der Bauer ist gestorben und das Mädchen von damals ist eine schon nicht mehr junge Frau. Sie bewirtschaftet nun mit ihrem Mann den Hof. Manchmal, wenn sie ein wenig Zeit hat, setzt sie sich unter den Kastanienbaum in die Wiese. Sie schließt die Augen und denkt an die alten Tage zurück.

Die Kinder sind häufiger hier. Da stehen sie wieder und werfen mit Stöcken hinein in die Baumkrone und jubeln, wenn Kastanien prasseln. Sie springen hinzu und sammeln die Kastanien auf. Sie fühlen das Glatte und Braune in ihren geschlossenen Händen. Sie stecken sich Kastanien in ihre Taschen.

Die Kinder sind auf dem Weg nach Hause. Sie plaudern und prahlen mit den Kastanien, die sie erbeutet haben. Jan greift in die Tasche und zeigt seine vor. Dabei fällt eine zu Boden, unbemerkt. Der nächste Junge tritt auf die Kastanie, unbemerkt. Er tritt sie hinein in die Erde. Die Kinder gehen weiter. Bald sind sie hinter dem Hügel verschwunden.

Die Erde hat sich über der Kastanie geschlossen. Da ruht sie nun, geborgen in warmer Dunkelheit. Tage und Wochen und Monate ziehen über sie hin. Die Kastanie weiß nichts davon, sie fühlt nur die Kraft in sich, sie fühlt die Kraft rund in sich ruhen.

Kastanientanz

Dann kann getanzt werden: den Kastanientanz, beispielsweise zum Stück 14 auf der CD. Es gibt keine festgelegten Schrittfolgen. Der Anleiter geht alles für sich einmal durch und verteilt es auf die Musik, spricht die Einsätze der jeweils neuen Teile einfach über die Musik den Kindern zu.

(1) Zuerst hocken alle auf dem Boden, im weiten Kreis um das Kastanienmandala, die Gesichter verborgen: Die Kastanie ruht in der Erde.

(2) Dann stehen alle langsam auf und zeigen ihr Gesicht: Das Kastanienbäumchen wächst.

(3) Sie wiegen sich hin und her, mit ausgebreiteten Armen, die sich bewegen können: Die Blätter wiegen sich im Wind.

(4) Sie drehen sich einmal um sich selbst: Der Wind lässt sie tanzen.

(5) Sie heben abwechselnd das eine und das andere Bein an: Sie proben den Flug.

Wiegen und Drehen und Heben des Fußes einige Male abwechseln.

(6) Sie gehen zur Mitte, mit ausgebreiteten Armen. An der Mitte angekommen, fassen sich alle an den Händen, heben die Hände hoch und nehmen sie zusammen wieder herunter, legen sich alle um die Mitte, dicht aneinander: die Kastanien oder Kastanienblätter ruhen nun alle zusammen auf der Erde.

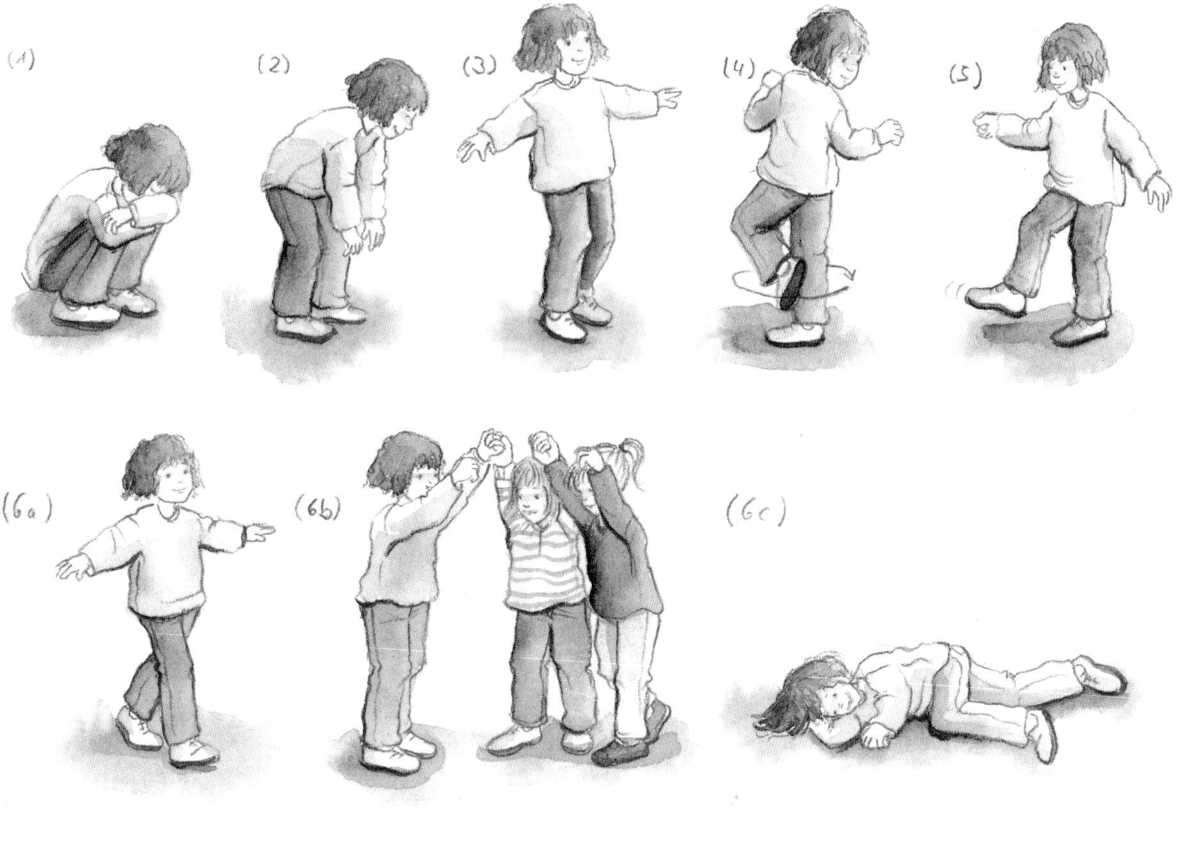

Malen

Zum Schluss kann gemalt werden. Zu den Möglichkeiten dazu siehe S. 11. Es liegt ein Ausmalmandala mit Kastanienmotiven bei. Das kann kopiert und ausgeteilt werden. Die Bilder legen wir anschließend um das gelegte Mandala in der Mitte und betrachten sie gemeinsam.

Aufheben des Mandalas

Vielleicht mag jemand eine Kastanie in die Erde stecken?

Jahreszeitenmandala

Die Jahreszeiten, ihr Wandeln im Kreis, ihr Hervorgehen aus dem Untergang der vorigen, ihr Fließen und Übergehen in die jeweils nächste: Sie lassen sich für eine Mandalareise verwenden und in der Mandalareise tiefer erfahren.

Allerdings können die Materialien für das gelegte Mandala nicht wie bei den anderen Mandalas einfach auf einem Spaziergang gesammelt werden. Entweder muss alles durch Bilder (Fotos, Postkarten, Zeichnungen, Ausmalmandalas) oder andere Symbole ersetzt werden – oder die Gestaltung des vollen Mandalas zieht sich über ein Jahr hin.

Und auch wenn man das möchte, ist es nicht einfach, haltbare Materialien zu finden, die sich so lange konservieren lassen (gepresste Frühlingsblüten und Sommerblumen, Herbstblätter, aus dem Winter vielleicht Kiefernzapfen oder einfach Steine).

Ein Vorteil ist die Möglichkeit, sich auf früher Erfahrenes zu beziehen. So lässt sich in jeder Jahreszeit eine kleine Mandalareise über die aktuelle Jahreszeit durchführen. Im Frühling werden dazu beispielsweise Blüten und erste Blumen um eine Mitte im Kreis gelegt. Dann eine Sinnesübung dazu, eine Fantasiereise, ein Tanz (beispielsweise der Kirschblütentanz, s.S. 71 ff.), ein Ausmalmandala. Ein Ausmalmandala wird dazu am besten gemeinsam gestaltet, es dient als Abschlussbild und wird gut aufbewahrt.

So werden alle Jahreszeiten einzeln erlebt. Schließlich sind vier Abschlussbilder vorhanden: eines aus jeder Jahreszeit. Diese werden dann zusammengelegt und ergeben das Jahresrad, das Mandala für eine umfassende Mandalareise.

Eigene Ausmalmandalas oder Collagen aus gepressten Blumen oder aus Fotos können erstellt werden, die Einzelteile um einen Mittelpunkt gruppiert und einigermaßen regelmäßig angeordnet. Um am Schluss ein einziges großes Mandala bilden zu können, sollten eigene Bilder für jede Jahreszeit gleich groß, im gleichen Format gewählt werden.

Dem Buch beigegeben ist ein Ausmalmandala zu den Jahreszeiten, das sich an die CD-Reise anlehnt. Auch dieses kann für eine Abschlussreise verwendet werden.

Im folgenden einiges zur Gestaltung eines solchen Jahresrad-Mandalas. Die fertigen Ausmalbilder der einzelnen Jahreszeiten werden vorausgesetzt. Wenn es an der Geduld für die Durchführung der Einzel-Mandalas in den jeweiligen Jahreszeiten fehlt, kann das beigelegte Ausmalmandala verteilt und ausgemalt werden. Die fertigen Bilder ergeben zusammengelegt (auch teilweise übereinander) ein größeres Mandala.

Naturspaziergang

Wir sammeln Gegenstände aus der aktuellen Jahreszeit. Beim Sammeln überlegen wir uns (soweit das geht), weshalb die Gegenstände für die Jahreszeit charakteristisch sind, woraus sie entstanden sind, was aus ihnen werden wird und was sie hervorbringen. Blüten entsprangen aus Knospen und die Knospen wurden von den Wachstumskräften des Baums oder Busches ausgetrieben, die im Winter in den Wurzeln gesammelt waren, geschützt unter der Erde. Wir überlegen, dass aus den Blüten Früchte werden, und aus den Früchten vielleicht neue Bäume und Büsche.

Wir denken über den Zusammenhang der Dinge, die wir sammeln und sehen nach, über ihren Zusammenhang in der aktuellen Zeit. Das Blatt, die Beere, die Blüte brauchen den Baum oder Busch. Der Baum braucht die Erde, den Himmel, Wasser braucht er, und Wind, der Wolken heranbläst. Er braucht Licht und Wärme, braucht Platz um sich, er braucht Unsichtbares wie die Schwerkraft, die ihm bei der Orientierung nach oben, dem Licht zu, hilft.

Vögel und Eichhörnchen brauchen den Baum, seinen Schutz, seine Früchte. Die Früchte brauchen Vögel und Eichhörnchen, um weitergetragen zu werden zu einem freien Platz, wo sie – vielleicht – wachsen können, in der Erde, die sie dazu brauchen.

Alles ist miteinander verbunden, vieles offensichtlich, anderes nicht so deutlich oder nur über Zwischenglieder. Die Verbindungen sind für die einzelnen Glieder nicht immer angenehm, sie können auch weh tun: Die Früchte werden von Vögeln gefressen, die Katze frisst den Vogel und die Maus. Das Spannungsfeld, in dem dies alles miteinander existiert, ist sanft, ist weich, harmonisch, oder es knistert, schlägt Funken, bedeutet Kampf. Alles gehört dazu.

Mandala legen

Zu Hause sichten wir die gesammelten Gegenstände. Wie wollen wir daraus unser Mandala legen? Zuerst die Mitte: Was soll sie bilden? Oder lassen wir sie leer? Dann die Kreise um die Mitte herum: Vielleicht lassen wir die Gestaltung ganz frei, jeder legt einen oder zwei oder drei Gegenstände nach eigenem Ermessen. Oder wir geben grobe Richtlinien, beispielsweise Unbelebtes im ersten Kreis um die Mitte, dann Blätter, dann Blumen oder Blüten oder Früchte, dann Dinge, die nicht zuzuordnen sind.

Wir legen das Mandala möglichst in die Mitte des Raumes oder auf einer Unterlage und zwar derart, dass wir es gut transportieren können.

Sinnesübung Jahreszeit

Aus Einzelteilen ist das Mandala zusammengefügt zu einem Ganzen. Wir betrachten das Ganze – und nehmen uns dann wieder Einzelteile heraus, um sie tiefer zu erfahren und damit auch dem Ganzen näher zu kommen.

Jeder nimmt sich ein Teil – eine Blume, eine Blüte, einen Stein, ein Blatt – für die Sinneserfahrung. Die Anleitung muss jetzt allgemeiner gehalten werden als beispielsweise bei einem Kastanienmandala, da – vermutlich – viele sehr unterschiedliche Dinge im Umlauf sind. Sie kann etwa folgendermaßen lauten (mit viel Zeit zwischen den Absätzen):

Jeder halten wir einen Gegenstand aus dem Frühling (oder der anderen Jahreszeit) in der Hand. Wir spüren ihn einfach. Wir drehen ihn zwischen den Fingern – und zwar langsam und sehr bewusst, wir wollen ihn nämlich so genau empfinden, wie es geht.

(...)

Wir empfinden den Gegenstand – und wir achten darauf, ob wir den Frühling (oder die andere Jahreszeit) in ihm empfinden können. (...)

Wir achten auf das Gefühl in uns, das sich beim Empfinden des Frühlings (oder der anderen Jahreszeit) einstellt. (...)

Wir versuchen, für uns in Worte zu fassen, was für ein Gefühl das ist. Vielleicht sind es auch mehrere Gefühle, unterschiedliche Gefühle. Wir versuchen sie alle in Worte zu fassen.

Nacheinander werden so verschiedene Gegenstände erfühlt und wieder an ihren Platz im Mandala zurückgelegt. Die Anleitung wird nur beim erstenmal gegeben.

Vor allem bei einer größeren Gruppe kann es gut sein zu strukturieren: Immer wenn ein neuer Gegenstand erfühlt werden soll, ertönt ein Gong oder eine Triangel oder eine Klangschale. Dazwischen ist Stille.

Anschließend wird darüber geredet, was empfunden wurde.

Baum im Jahreskreis
Fantasiereise

Die Fantasiereise handelt von einem Obstbaum und seiner Verwandlung durch das Jahr. Der Baum wird sonst nicht näher bestimmt, es wird nicht gesagt, ob er jung oder alt ist, was für ein Obstbaum, wo er steht. Bei wenigen Kindern kann dies alles vor der Fantasiereise angesprochen werden. Wenn die Kinder sich auf einen Baum einigen können, wird die Fantasiereise entsprechend verändert. Wenn die Kinder verschiedene Bäume vorziehen, bleibt sie wie unten allgemein und jedes soll sich den eigenen Baum vorstellen. Zwischen den Absätzen wird Zeit gelassen.

Der Baum erwacht aus langem Schlaf. Er ist kahl, seine Farben sind braun und grau, die Farben des Stammes, der Äste. (...)

Im Baum beginnen Kräfte zu strömen, die lang zurückgehalten waren in seinen Wurzeln. Die Kräfte strömen durch den Stamm, in die Äste und Zweige hinein. (...)

In den Zweigen beginnt es zu schwellen. Knospen brechen aus dem harten Holz hinein in den Himmel. (...)

Die Sonne zieht ihre Bahn, wieder und wieder. Sie steigt dabei immer höher den Himmel hinauf. (...)

Die Knospen brechen auf: Junges helles Grün streckt sich im Licht, entfaltet sich. Blüten öffnen sich der Sonne. Der Baum ist grün und weiß. (...)

Ein Vogel hat in eine Astgabel sein Nest gebaut. Fünf gesprengelte Eier liegen darin. Bald schlüpfen Junge heraus. (...)

Die Sonne zieht ihre Bahnen am Himmel, länger sind die Tage geworden und heller. (...)

Die Blütenblätter sind lange verweht. Doch ihre Mitte ist dicker geworden. Grün hängt sie da und schwillt langsam an. (...)

Die Vogeljungen zwitschern schon in den umliegenden Bäumen. Die Bäume sind grün, das Grün ist dunkler geworden, unmerklich. Aus den kleinen, grünen Früchten sind dicke, farbige geworden. (...)

Die Bahnen der Sonne haben ihren Höchststand schon überschritten, beginnen sich wieder zu neigen.

Die Vögel sind aufgeregt zu den Nachbarbäumen geflogen. Viele Menschen sind gekommen, die schütteln mit langen Stangen am Baum. Früchte prasseln zu Boden, die werden in Körben gesammelt. Blätter fallen mit ihnen. Manche sind schon gelb und rot. Nun fliegen sie hin mit dem Wind. (...)

Über die Blätter am Boden ist Schnee gefallen. Der dunkle Baum erstrahlt wieder hell. Seine Farben sind schwarz und weiß. (...)

Hier und da piepst ein Vogel. Die meisten aber sind fortgeflogen in den Süden. (...)

Ein Stück weiter ziehen Kinder Schlitten über den Schnee. (...)

Die Luft ist kühl und klar. (...)

Die Kräfte des Baums sind tief in den Wurzeln verborgen.

„Baum im Jahreskreis“ bezieht alle Jahreszeiten mit ein. Alternativ kann auch eine Fantasiereise zur jeweiligen Jahreszeit durchgeführt werden. Beispielsweise die vier Fantasiereisen zu den Jahreszeiten auf der CD. Oder beispielsweise eine der folgenden:

Kirschblüten

Fantasiereise zum Frühling

Stell dir einen Blütenzweig vor. Kirschblüten sind es, sie stehen dicht nebeneinander. Ihre Farbe ist weiß. Ihre Blütenblätter sind zur Sonne hin geöffnet.

Die Sonne steht hell am Morgen, über dem Hügel. Ihre Scheibe ist ganz geschlossen in sich. Doch aus dieser Scheibe strömen Meere von Licht und erfüllen die Welt. Das Licht ist einfach immer schon da, freundlich und leicht.

Im Baum singt eine Amsel ihr Lied. Das Gefieder der Amsel ist schwarz, ihr Schnabel orange. Ihr Gesang klingt wie ein endloser Jubel. Die Töne wie Licht durch die Welt. Das Amsellied ist wie die Töne des Lichts. Das Amsellied erklingt in der Stille.

Ein leichter Wind wiegt den Blütenzweig. Achte auf seine Bewegung: auf und nieder, hin und her. Der Blütenzweig richtet sich ganz nach dem Wind. Er zeigt im Wind, die Nachgiebigkeit seines Holzes, den Ton seiner Blätter und Blüten.

Der Wind ist verändert, hinter dem Blütenzweig. Leicht und frei fließt er weiter, hinein in die Welt. Eine Wolke von Duft nimmt er mit. Das ist der Duft der Kirschblüten. Und der Duft ist immer noch da, um den Kirschblütenbaum.

Die Hand am Kirschblütenbaum spürst du die Rauheit seiner Rinde. Tastest du höher, dann spürst du die Glattheit seiner Blätter. Und weiter oben spürst du die Zartheit der Blüten. Du spürst den Baum und dich selbst.

Die Kirschblüten sind aufgegangen im Licht, in der steigenden Sonne. Wenn du sie ganz in dir siehst, dann spürst du auch ihre Ruhe. Wenn du sie ganz in dir siehst, dann spürst du auch ihre Leichtigkeit. Wenn du sie ganz in dir siehst, dann spürst du ihre Ruhe auch schon in dir.

Schwäne
Fantasiereise zum Sommer

Nicht weit vom Ufer des Sees schwimmen Schwäne. Langsam gleiten sie über das Wasser, das hier zu flimmern scheint. Hinter den Schwänen breiten sich Wellen aus. Die Wellen laufen auseinander und verlieren sich langsam wieder in das Flimmern des Sees.

Die Schwäne sind weiß. Ihre langen Hälse biegen sich sanft. Langsam gleiten sie über das Flirren des Sees und verbreiten um sich eine freundliche Stille. Wie sich hinter ihnen die Wellen ausbreiten, so breitet sich um sie Stille aus.

Über dem See ziehen Wolken. Sie ziehen in dieselbe Richtung wie die schwimmenden Schwäne. Die Wolken ziehen in einem Himmel der Stille. Vogellieder von den Bäumen am Rande des Sees vertiefen die Stille noch. Kreisende Vögel am Himmel unter den Wolken vertiefen die Stille noch.

Die Schwäne beginnen ihre Flügel auszubreiten und kräftig zu schlagen. Sie erheben sich aus dem See. Fast laufen sie schon über das Wasser. Sie beginnen zu fliegen. Ihre Flügel schwingen weit aus, ihre langen Hälse sind gerade nach vorne gereckt. Die Schwäne fliegen über dem Wasser. Die Schwäne fliegen in den Himmel hinein.

Wenn du genau hinhörst, kannst du vielleicht ein hohes Klingen in der Luft hören. Das kommt von der Bewegung der Schwingen. So weit wie das Klingen reicht, breitet sich Ruhe aus über dem Land.

Die Schwäne fliegen nun über die Bäume am Rande des Sees und weiter hinein in den Himmel. Das Land unter ihnen wird weiter, die Bäume, die Wiesen, die Menschen auf den Wegen werden kleiner.

Der Himmel ist offen und still. Die Schwäne fliegen sicher und leicht. Um sie und hinter ihnen verbreiten sich Ruhe und Kraft, und die wachsen, nehmen immer mehr zu, nehmen zu mit dem Flug der Schwäne durch den offenen Himmel.

Abflug der Schwalben

Fantasiereise zum Herbst

Die Felder sind kahl. Hier und da stehen noch Stoppeln, hier und da liegen noch Stroh- und Heuballen auf dem Land, hier und da ist alles schon umgepflügt. Ein schwerer Geruch nach Erde liegt überall. Der Boden scheint tiefer zu atmen.

Auf der Hochspannungsleitung sammeln sich Schwalben. In langen Reihen sitzen sie auf den Drähten und zwitschern alle durcheinander. Ab und zu fliegen ein paar auf und ziehen am Himmel einige Kreise. Dann kommen sie wieder herunter und suchen sich ihre Plätze.

Ihr Zwitschern auf dem Draht scheint so fröhlich. Wenn sie aber am Himmel fliegen, schreien sie nur einen einzigen langgezogenen Ton: das ist ihr Jagdgesang.

Die Hochspannungsleitungen summen. Es ist ein schwerer, vibrierender Ton, vom einen Horizont bis zum nächsten, vom Umspannwerk bis zu den Häusern. Der Ton ist immer da – aber er verändert sich, langsam, wie sich die Luft verändert, viel langsamer als der Wind.

Am hellgrauen Himmel ziehen Wolken. Oft sind sie gar nicht so sehr vom Himmel zu unterscheiden – aber manche sind heller, und manche sind dunkler. Und immer ist da ihre langsame Bewegung unter dem Grau und über dem Land. Die Wolken ziehen lautlos. Nur der Wind tönt in ihnen. Die Wolken ziehen über das kahle Land.

Hier und da fährt noch ein einsamer Traktor über die leeren Felder. Hier und da liegt noch Spreu auf dem Weg oder vom Wagen gefallenes Heu. Das Zwitschern der Schwalben tönt über alles hinweg.

Dann fliegen sie auf. Erst sind es wieder nur wenige, die sich von der Leitung lösen. Aber diesmal werden es mehr und mehr, und bald ist der ganze riesige Schwarm am Himmel und fliegt Richtung Süden, quer zu den ziehenden Wolken.

Höher fliegen sie, höher. Bald sind sie nur noch wenig unter den tieferen Wolken. Sie fliegen ganz ruhig. Ihre Herzen schlagen im Takt mit der verborgenen Sonne. Ihre Flügel klingen in der Bewegung des Windes.

Weit vor ihnen ragen die Berge. Und noch weiter liegt dann das südliche Meer. Die Schwalben sind unterwegs.

Schneeland

Fantasiereise zum Winter

Eine kürzere Version findet sich auf der CD

Die Sonnenstrahlen treffen überall nur auf Weiß. Die Wiese am Wald liegt unter einer dicken Decke von Schnee. Auf den kahlen Ästen der Bäume lastet dick Schnee. Sie zittern schwer, wenn ein Wind durch sie fährt. Manchmal wirft ein Ast ein wenig von seiner Last ab und es klatscht auf den Boden: Schnee klatscht auf Schnee.

Die Sonne funkelt in den Kristallen: hier, da, tausendfach. Die eine Sonne ist überall eingefangen und blitzt auf wie in winzigen Spiegeln oder in winzigen Diamanten, die überall liegen: das sind die Schneeflocken.

Du gehst durch den Schnee, hörst ihn schwer unter deinen Schritten knirschen. Du spürst die Schwere der Schritte, die Schwere des lastenden Schnees überall – und du spürst deine Wärme, die in dir strömt, fast wie die Wärme der Sonne.

Dein Atem geht ein und aus, im Rhythmus deiner Schritte, so wie du gehst, langsam und frei. Du achtest auf deinen Atem und spürst die Kraft, die in ihm strömt. Du spürst, wie die Kraft in dir wächst – und die Ruhe.

Du kommst an den Fluss. Er ist an den Rändern zugefroren. Nur in der Mitte strömt es noch frei. Dort schwimmen Enten. Ein paar stehen mit ihren breiten Schwimmfüßen auf dem Eis am Rand.

Und andere liegen dort, schlummern, die Schnäbel tief im Gefieder versteckt. Du spürst die Ruhe am Rande des Flusses. Und du spürst die Kraft des Flusses, auch unter dem Eis, unberührt von der schweren Decke, die über ihm liegt.

Im Wald singen hier und da Vögel. Deinen Weg kreuzen Spuren von Rehen, Spuren von Hasen, vielleicht ist auch die Spur eines Fuchses dabei. Die mächtigen Bäume ringsum stehen einfach im Schnee.

Du gehst langsam den Weg und fühlst die Ruhe des Waldes, die Ruhe im Schnee, seine Schwere – und die Leichtigkeit in der Luft und im Zwitschern der Vögel. Du spürst die Kühle und Klarheit des Schnees. Und du spürst die Klarheit in dir, und die Wärme, die strömt mit der Ruhe der Sonne durch dich, auf deinem Weg durch den Schneewald.

Jahreszeiten-Tanz

Hier kann je nach Jahreszeit der entsprechende Tanz auf der CD verwendet werden.

Die Anleitungen stehen ab S. 71.

Malen

Dazu gibt es Vorschläge auf S. 11. Ein Ausmalmandala zum Jahreskreis liegt bei. Die fertigen Bilder können anschließend um die Mitte gelegt und gemeinsam betrachtet werden. In der Mitte liegen vielleicht schon die vier Mandalas zu den einzelnen Jahreszeiten. Wir betrachten auch sie und ihren Zusammenklang.

Elemente-Mandala

Das große Thema Beziehungen und Abhängigkeiten kann auch über ein Elemente-Mandala angesprochen werden. Wir beziehen uns dabei auf die vier klassischen Elemente Wasser, Feuer, Erde und Luft.

Ein Grundgedanke dabei ist, dass in allen Gegenständen alle Elemente vorhanden sind – aber in unterschiedlichen Mischungsverhältnissen, was ihre Verschiedenheit ausmacht.

All die vielen einzelnen Dinge, die wir sehen, die wir schmecken, berühren, riechen, hören können, die anscheinend ganz für sich stehen können, unabhängig voneinander, vereinzelt, stammen aus gemeinsamen Quellen, die immer noch in ihnen wirksam sind und die sie verwandtschaftlich verbinden.

In der heutigen Naturwissenschaft haben wir zwar die vier Elemente ersetzt durch andere Prinzipien, der Grundgedanke ist aber unverändert. Wir bleiben für unser Mandala deshalb bei den vier Elementen, die konkret wahrnehmbar und bildhaft verstehbar und viel besser fassbar sind als die heute gängigen oft sehr abstrakten Vorstellungen über die grundlegenden Bestandteile der Welt.

Als Fantasiereisen können auch die Stücke „Quelle“ und „Wolken“ von der CD verwendet werden: sie stehen für zwei Elemente.

Materialien zum Legen

Das Thema wird gestellt: Ein Mandala aus den vier Elementen. Wir überlegen uns den ungefähren Aufbau des Mandalas. Die vier Elemente sollten um seine Mitte angeordnet werden, jedes mit mindestens einem symbolischen Vertreter. Für das Feuer werden sich eine oder mehrere Kerzen empfehlen, für Wasser eine (blaue) Schale mit Wasser, vielleicht noch mit Muscheln oder ähnlichem. Luft muss indirekt dargestellt werden, beispielsweise durch Vogelfedern oder durch ein Tuch (das im Wind fliegen kann), vielleicht in den Farben des Regenbogens, der manchmal am Himmel steht.

Für Erde gibt es viele Möglichkeiten: Alles, was auf ihr wächst oder liegt oder sich in ihr befindet, kann genommen werden, beispielsweise ein Stein.

Ein Naturspaziergang ist immer gut. Wir können die Materialien zwar alle aus dem Haushalt besorgen, aber zu den selbst gesammelten haben wir gleich eine viel engere Beziehung. Bis auf Feuer können wir alles draußen finden. Wir nehmen eine Flasche für das Wasser mit, dann kann der Spaziergang beginnen. Wir suchen nach Federn, Wasser (möglichst Quellwasser) und markanten Steinen (oder etwas Entsprechendem für die Erde).

Mandala legen

Wir ordnen das Mandala an. Die Mitte bleibt leer. Die gewählten Symbole für die vier Elemente liegen im ersten Kreis um die leere Mitte. Ein weiterer Kreis um diese vier Symbole wird aus beliebigen anderen Dingen gebildet, vorzugsweise aus Dingen, die auf dem Naturspaziergang gesammelt wurden, aber nicht symbolisch für eines der vier Elemente zur Anwendung kamen: Alle Dinge entstehen aus diesen Elementen und ihrem Zusammenwirken.

Sinnesübung Elemente

Jeder berührt in Stille eines der vier Elemente, das heißt eines der Symbole, die für die Elemente stehen. Sie können dazu beispielsweise auch im Stuhlkreis herumgegeben werden: die Feder (das Tuch) für den Himmel, eine Schale mit Wasser, einen Stein (oder anderes) für die Erde. Die Hände werden so nah an die Kerzenflamme (Teelichtflamme) gehalten, dass die Wärme spürbar, aber noch angenehm ist.

Beim Berühren sind die Augen geschlossen, um intensiv empfinden zu können. Beim Weiterreichen werden sie wieder geöffnet.

Eine Fantasiereise zu den Elementen kann anschließen.

Elemente

Fantasiereise

Stell dir das *Wasser* vor. Das Wasser in unserer Schale hier, seine Kühle und Klarheit, seine Geschmeidigkeit – und das Wasser in einem Bach, den du kennst. Hier ruht es still, dort strömt es hin, unwiderstehlich. Wenn du die Hand hinein hältst, umfließt es die Hand, aber es lässt sich nicht aufhalten. – Stell dir vor, wie du etwas von dieser Klarheit und Geschmeidigkeit des Wassers in dir hast.

Stell dir die *Erde* vor. Das Stück von der Erde in unserem Mandala – und die Erde draußen, eine schöne Wiese im Frühling oder Sommer, mit Blumen und Gras. Stell dir vor, wie du über die Erde gehst, mit leichten Schritten, wie du die Erde unter dir fühlst, unter den Sohlen, wie die Erde dich trägt ... Vielleicht legst du dich hin, auf die Wiese, ins Gras, zwischen all die Blumen. Wenn du die Augen schließt, spürst du die Erde noch deutlicher unter dir, ihre Sicherheit, ihre Festigkeit und Stärke. – Etwas von dieser Festigkeit hast du auch in dir. Horch in dich hinein, vielleicht findest du es!

Das *Feuer* hast du an der Flamme gespürt, seine Wärme, seine Helligkeit, seine Lebendigkeit, und die Ruhe in dieser Lebendigkeit, vielleicht auch den Schmerz, den es bereiten kann. Das größte Feuer steht lautlos am Himmel, das ist die Sonne, sie sendet ihr Licht über die ganze Welt, und ihre Wärme erreicht alles, was ist. Stell dir die Sonne vor, ihre Wärme und Helligkeit, ihre Kraft, und die Ruhe in dieser Kraft. – Etwas von dieser Wärme und Ruhe hast du auch in dir.

Der *Himmel* ist ganz vom Licht der Sonne durchflutet. Über der Erde streckt er sich hin, ohne Anfang und Ende. Im Atem der Menschen geht er durch uns alle hindurch. Vögel fliegen durch ihn, und Flugzeuge. Alles lässt er sein wie es ist, offen und unberührt von dem allem. – Die Weite und Offenheit des Himmels, die findest du auch in dir, tief drinnen, wenn du in dich hineinhorchst.

Das *Wasser*, die *Erde*, das *Feuer*, der *Himmel*: Überall findest du sie in der Welt verstreut. Zusammen bilden sie die Welt. Und du findest sie auch in dir.

Tanz der Elemente

Getanzt wird im Kreis, am besten um das gelegte Mandala in der Mitte herum. Stück 18 auf der CD eignet sich als Unterlegung zum Elementetanz. Und der geht so:

(1) Wir beginnen mit der Erde. Das Gesicht immer der Mitte zugewandt, beschreiben wir einen kleinen Kreis um unseren Platz: Der Stand ist zunächst auf dem linken Bein (bei 3 Uhr auf einem gedachten Ziffernblatt). Der rechte Fuß steht zunächst rechts daneben, kreuzt mit dem ersten Schritt aber nach links vorne (auf 12 Uhr des Ziffernblatts). Beim zweiten Schritt wandert das linke Bein hinter dem rechten waagerecht nach links und setzt links hinter ihm auf, ist nun das Standbein (bei 9 Uhr).

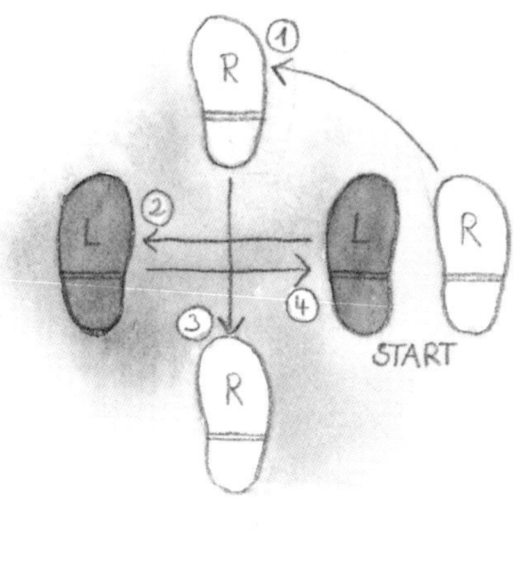

Beim dritten Schritt geht das rechte Bein nach hinten, steht nun rechts hinter dem linken und ist Standbein (bei 6 Uhr). Beim vierten Schritt geht das linke Bein nach links vorne vor das rechte und ist nun Standbein (wieder auf 3 Uhr). Das wird viermal gemacht: zusammen sechzehn Schritte.

(2) Wasser: Bewegung. Vier Schritte nach vorne, zur Kreismitte. Mit dem vierten Schritt fassen wir oben, über den Köpfen, über der Mitte, dem Mandala, kurz die Hände der anderen. Vier Schritte rückwärts wieder zurück an unseren Platz. Das wird einmal wiederholt: 16 Schritte.

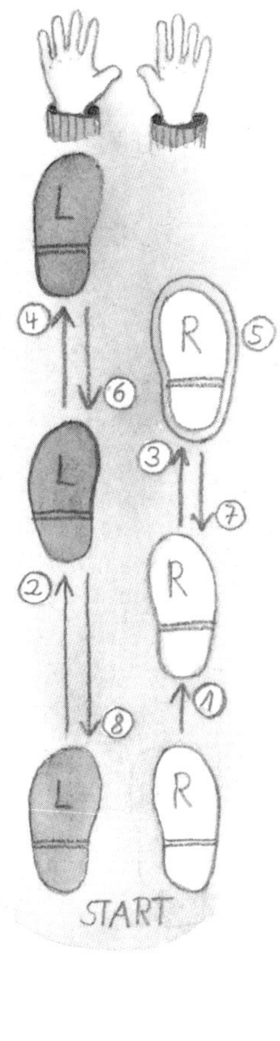

(3) Himmel: Wippen, vor und zurück: Rechts nach vorn wippen, links zurückwippen, rechts nach vorne wippen, links zurückwippen (das war der erste Durchgang), rechts einen Schritt zurück, hinter den linken Fuß. Dann links vorwippen, rechts zurückwippen, links vorwippen (das war der zweite Durchgang). Jetzt wiegen: Rechts einen Schritt vor nach seitlich, nach links wiegen, nach rechts wiegen, nach links wiegen (das war der dritte Durchgang), nach rechts wiegen, nach links wiegen, nach rechts wiegen, nach links wiegen: 16 „Schritte".

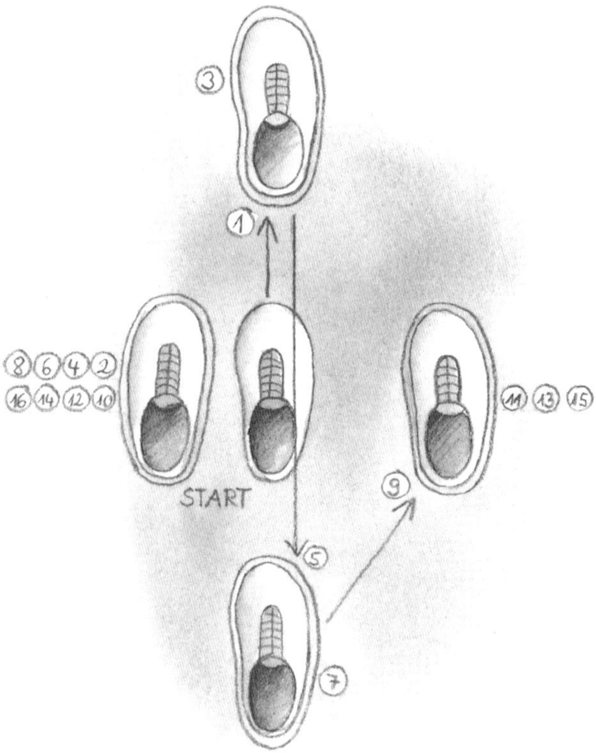

(4) Feuer: Eine Drehung links um sich selbst, dann die Hände der anderen fassen und wippen, bis zum nächsten Durchgang, bis zum erneuten Beginn mit der Erde. Nach insgesamt 8 und nach 16 Taktschlägen einmal in die Hände klatschen: zusammen 16 „Schritte".

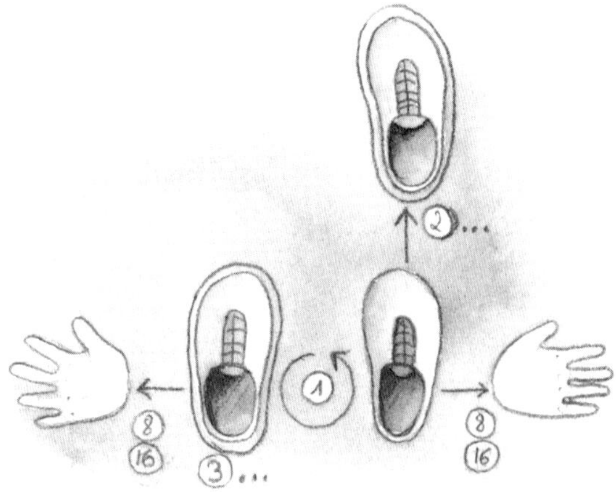

Malen

Dazu gibt es Vorschläge auf S. 11. Auch kann das beigelegte Ausmalmandala zu den Elementen verwendet werden. Die fertigen Bilder werden um die Mitte gelegt und gemeinsam betrachtet.

Aufheben des Mandalas

Das Wasser kann draußen auf die Erde geschüttet, das Feuer mit Luft (Pusten) gelöscht werden. Das Symbol für Erde legen wir in den Garten, die Feder lassen wir fliegen: Die Elemente sind wieder verstreut.

Mandala der Gefühle

Ein Mandala ist eine Möglichkeit, sich mit Gefühlen auseinanderzusetzen. Wir tendieren stark dazu, manche Gefühle gut, andere schlecht zu finden: Wenn wir traurig sind, finden wir das schlecht. Wenn wir fröhlich sind, finden wir das gut. Hass finden wir schlecht – vor allem bei anderen. Liebe finden wir fast immer gut.

Den Blick immer auf das jeweilige Gefühl, den jeweiligen Zustand gerichtet, sind solche Einstellungen ganz natürlich. Aber die Bereitschaft zu *allen* Gefühlen ist uns immer schon mitgegeben, Gefühle haben sich über Zeiträume von Jahrmillionen entwickelt und in ihrer Angemessenheit bestätigt. In einem größeren Zusammenhang stellt sich die Frage nach „gut" und „schlecht" anders oder vielleicht gar nicht.

Das bedeutet nicht, dass jedes Gefühl, das wir gerade haben, immer gut ist. Sogar Liebe kann auch schlecht sein. Und Hass schafft Probleme zwischen Menschen anstatt sie zu lösen. Aber es bedeutet, dass eine bewusste Auseinandersetzung mit Gefühlen und dem, was sie mit uns machen, oft Überraschendes zu Tage fördern kann. Das Mandala der Gefühle kann uns bei dieser Auseinandersetzung helfen.

Materialien

Hier sind mehr Vorbereitungen erforderlich. Gefühle gibt es viele, zu viele für ein Mandala. Viele unterscheiden sich vielleicht nur dem Namen, kaum dem Wesen nach. Zuerst muss also geklärt werden, welche Gefühle denn im Mandala zur Sprache kommen sollen.

Die Psychologie unterscheidet fünf Grundgefühle: Glück, Traurigkeit, Wut, Furcht und Ekel. Andere Gefühle werden als Mischungen oder Variationen dieser Grundgefühle angesehen.

Diese fünf Grundgefühle scheinen voneinander unabhängige biologische Grundlagen zu haben und auch weitgehend unabhängig von gedanklichen Bewertungen zu sein. Die fünf Grundgefühle sind als biologische Möglichkeit zu betrachten. Die von uns empfundenen differenzierteren Gefühlszustände verändern diese in uns angelegten Möglichkeiten sehr stark und verbinden sie miteinander. „Liebe" und „Hass" kommen in dieser Grundliste gar nicht vor, denn in beide gehen sehr offensichtlich und sehr stark Bewertungen mit ein. Während Liebe im Kochtopf der Gefühle offensichtlich vor allem aus Glück besteht, oft mit einer Portion Traurigkeit (Sehnsucht), ist Hass sicherlich eine Verbindung von Wut und Furcht, mit einer Prise Ekel. Und noch allerlei anderen, gedanklichen Zutaten dazu.

Hier soll keine nähere Auseinandersetzung mit den biologischen Grundlagen der Gefühle oder mit dem Sinn und Unsinn von Gefühlssystematiken erfolgen. Die fünf Grundgefühle sind durchaus umstritten, es gibt auch andere Einteilungen. Aber diese sind meist viel komplizierter. Und fünf ist eine gute Zahl für ein Mandala. Im folgenden Vorschlag sollen deshalb diese fünf Grundgefühle berücksichtigt werden.

Das muss aber nicht unbedingt so gehandhabt werden. Es ist durchaus möglich, eine Gesprächsrunde zu Gefühlen zu machen, zu fragen, was für Gefühle bekannt sind, bewerten zu lassen, was denn die wichtigsten vier oder fünf oder sechs davon sind, und dann diese für das Mandala zu nehmen – gleichgültig wie sie lauten.

Wenn die Teilnehmer sich auf Gefühle für die Mandalareise geeinigt haben, werden Symbole für sie gesucht. Die Symbole sollen für die Gefühle stehen, sollen an die Gefühle erinnern. Der objektive Zusammenhang zwischen einem Symbol und einem Gefühl kann also sehr lose sein – wenn alle Teilnehmer das Symbol subjektiv als Platzhalter für das Gefühl akzeptieren. Möglich ist eine Collage aus Zeitschriftenausschnitten. Bei den erwähnten fünf Grundgefühlen gibt es für Traurigkeit und vor allem für Ekel vielleicht eine längere Suche. Dinge, welche die Gefühle auslösen oder Konsequenzen von Gefühlen kommen gleichfalls als Symbole in Frage.

Mandala legen

Das Mandala wird gelegt oder als Collage erstellt. Die Mitte bleibt leer oder es wird symbolhaft ein Mensch (Zeitschriftenausschnitt) dorthin gesetzt. Die Symbole für die Gefühle sind im ersten Kreis um die Mitte angeordnet.

Bei jüngeren Kindern kann das Mandala darauf beschränkt bleiben. Bei älteren Kindern können in einem zweiten Kreis jedem Gefühl zwei Gegenstände oder Bilder zugeordnet werden, einer für die positiven, der andere für die negativen Aspekte des Gefühls. Das können einfach zwei Steine sein, ein heller und ein dunkler. Oder eine Blume und ein Stein. Oder eine Feder und ein Stein.

Meditative Übung Gefühle

Wir sitzen still um das Mandala und vergegenwärtigen uns die Gefühle und ihre Aspekte. Vor allem bei jüngeren Kindern, aber auch noch bei älteren, wenn es zum ersten Mal gemacht wird, können kleine Anleitungen sinnvoll sein. Beispielhaft hier eine relativ ausführliche Anleitung zu Wut. Natürlich darf sie nicht einfach so heruntergelesen werden. Machen Sie nach den einzelnen Sätzen Pausen, damit sich die Vorstellungen der Kinder entwickeln können.

Denke an eine Situation, in der du selbst Wut empfunden hast. (...)
Erinnere dich, warum da Wut war. (...)
Wie hast du dich gefühlt? (...)
Was hast du dabei gedacht? (...)
Wie hast du dich verhalten? (...)
Wie haben sich daraufhin andere verhalten? (...)
Wie hat sich das dann weiter entwickelt?
Was glaubst du, war das Gute an deiner Wut? (...)
Was glaubst du, war das Schlechte daran? (...)

Etwa anderthalb bis zwei Minuten sollte eine Gefühlsmeditation mit diesen Anleitungen pro Gefühl schon dauern.

Die Anleitung sollte nicht immer gleich gemacht werden. Wenn einmal bekannt ist, um was es geht, kann auch stark verkürzt werden. Die Worte dienen dann nur der gedanklichen Stütze. Die fünf Strukturierungspunkte dabei sind:

(1) Situation.
(2) Ursache.
(3) Erscheinungsbild (Gefühle, Gedanken, Verhalten).
(4) Konsequenzen.
(5) Bewertung.

Wenn das den (älteren) Kindern schon bekannt ist, kann auch ganz auf eine Anleitung verzichtet werden. Dann wird nur alle anderthalb bis zwei Minuten ein Gong angeschlagen, als Zeichen dafür, dass zum nächsten Gefühl übergegangen werden soll.

Eine solche Gefühlsmeditation kann natürlich auch speziell zu einer bestimmten Situation durchgeführt werden, beispielsweise wenn es Streit gab. Dann wird nur das eine, jeweils relevante Gefühl angesprochen werden, aber ausführlicher. Als Mitte kann dann entweder ein Symbol für dieses Gefühl genommen werden, ohne weitere Ausschmückungen. Oder es wird ein Kreis gezeichnet, von dem Zacken ausgehen, wie von einer Sonne die Strahlen. Ein Zacken ist besonders groß, in den wird ein Symbol für das Gefühl, um das es gehen soll, hineingelegt oder einfach der Name des Gefühls geschrieben. Das kann auch bei anderen Zacken so gemacht werden. Und dann erfolgt die Gefühlsmeditation, wie oben, aber mit mehr Zeit zwischen den Worten, und vielleicht mit Bemerkungen zur speziellen Situation.

Über ein Gefühle-Mandala sollte anschließend ausführlich geredet werden. Der Austausch mit anderen ist bei dieser Meditation ganz besonders wichtig. Wichtig ist die Beobachtung des eigenen Erlebens und das Hören, wie andere Entsprechendes erleben. Mit Bewertungen sollte der Leiter vorsichtig sein.

Tanz der Gefühle

Ein Gefühletanz kann gut auch zur Lösung einer gespannten Situation beitragen. Getanzt wird im Kreis, um das gelegte Mandala. Stück 10 auf der CD eignet sich dazu (Sonnenstrahlentanz). Der Gesichtsausdruck kann versuchen, das jeweilige Gefühl darzustellen. Die Gefühle sollten einzeln eingeübt werden. Vielleicht werden auch gar nicht alle für den Gefühletanz verwendet.

(1) Glück (Freude): Alle stehen außen am Kreis mit dem Gesicht zur Mitte und halten sich an den Händen: Vier Schritte nach innen, beginnend mit rechts. Innen mit dem vierten Schritt die Hände gemeinsam hoch. Vier Schritte rückwärts nach außen: acht Taktschläge.

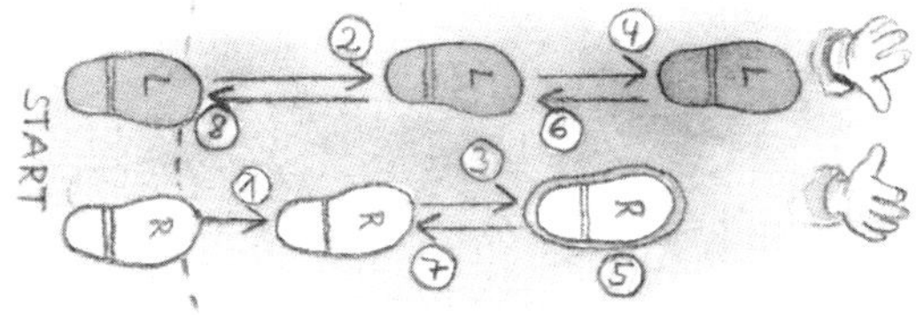

(2) Traurigkeit: Die Hände lassen sich los. Der Kopf ist gesenkt. Ein kleiner Kreis um sich selbst wird gegangen, beginnend mit dem rechten Fuß nach rechts um die eigene Achse, in vier Schritten. Das Gesicht wendet sich also von der Mitte ab und am Schluß wieder der Mitte zu. Dies zwei Mal, zusammen also acht Schritte.

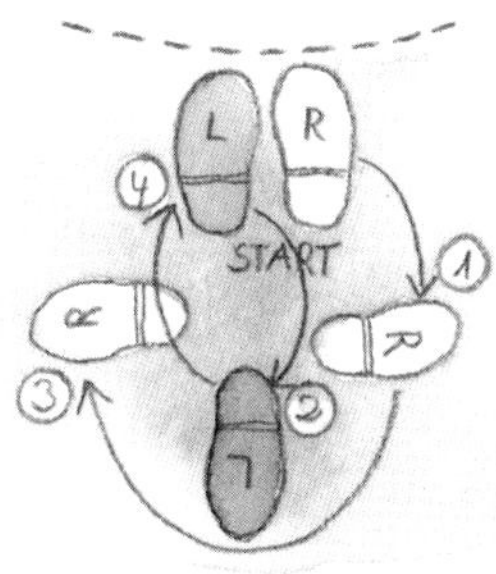

(3) Ekel: Wir schütteln uns am ganzen Körper, die ganzen acht „Schritte“ durch.

(4) Furcht: Vier Schritte nach innen, mit gesenktem Kopf. Vier Schritte rückwärts nach außen, den Kopf erhoben, die Hände abwehrend vor sich ausgestreckt: zusammen acht Schritte.

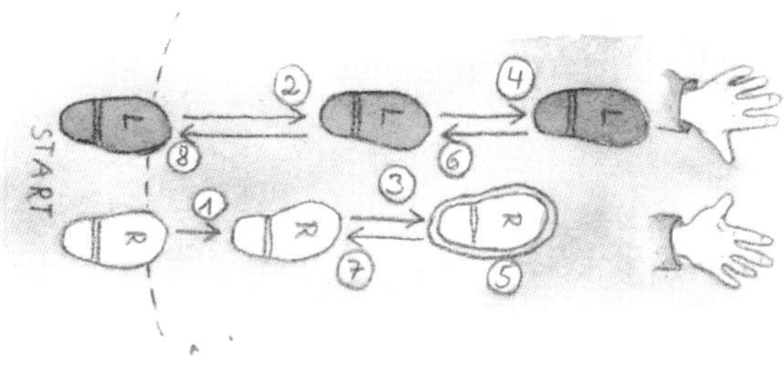

(5) Wut: Vier Schritte schräg nach rechts in den Kreis hinein, den letzten Schritt als kleinen Sprung und mit ihm gleichzeitig die beiden Fäuste nach vorne schnellen lassen. Vier Schritte rückwärts nach rechts, an den Kreis zurück (aber nun an anderer Stelle), den letzten aufstampfen, die beiden Fäuste nach unten schnellen lassen.

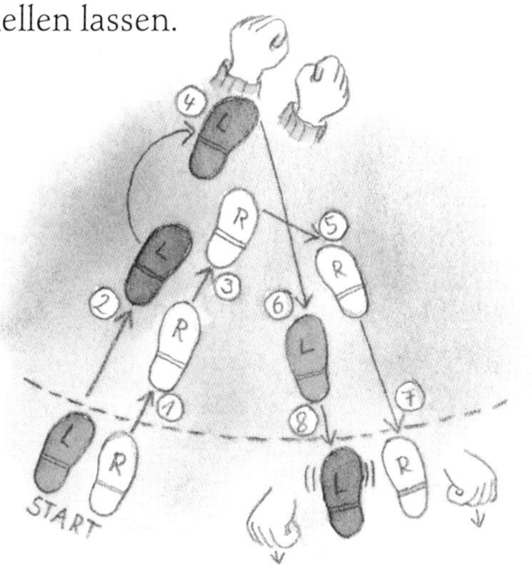

(6) Diese Folge wird bis zum Ende des CD-Stücks wiederholt.

Malen

Möglichkeiten siehe Seite 11. Das beigelegte Ausmalmandala ist sehr offen gehalten. In die fünf großen Kreise können die Kinder Dinge malen, die für die fünf vorgegebenen Gefühle (oder andere Gefühle oder Gefühle überhaupt) stehen. Die fertigen Bilder sollten auch nach dem gemeinsamen Betrachten einige Tage lang präsent sein. Vielleicht werden sie aufgehängt, wenn der Raum wieder hergerichtet werden muß, sie also nicht um die Mitte liegen bleiben können.

Innen und Außen

Gefühle bilden eine Grundlage für das folgende Handeln, sie stimmen darauf ein, legen eine Verhaltenstendenz fest und sind sehr wesentlich für die Stärke und Entschiedenheit des jeweiligen Verhaltens. Aber sie können auch innen bleiben, sie müssen nicht unbedingt ihren Ausdruck in sichtbarem Verhalten finden. Eine gesonderte Beschäftigung mit dem sichtbaren Verhalten und grundlegenden Verhaltenstendenzen ist also sinnvoll.

Bei den Verhaltenstendenzen ist die Unterscheidung von Extraversion und Introversion, von Nach-Außen- und Nach-Innen-Gerichtetsein, am bekanntesten geworden. Manche Menschen tendieren eher dazu, sich mit sich selbst zu beschäftigen, nach innen zu leben, sich nach außen hin eher zurückzunehmen. Andere beschäftigen sich kaum je mit sich selbst und haben den Blick und ihr Leben ganz nach außen gewendet. Die meisten liegen dazwischen.

Beides wechselt auch in derselben Person. Zu Zeiten leben wir mehr nach innen (oder spüren zumindest das Bedürfnis danach stärker), zu anderen Zeiten sind unsere Interessen und Aktivitäten nach außen gerichtet. Selbst innerhalb eines Tages zeigen sich deutliche Schwankungen. Schon der Wechsel von Schlaf (nach innen) und Wachen (nach außen) geht in diese Richtung.

Und beides ist wichtig. Am besten ist beides vorhanden und ergänzt sich, wie das Beispiel vom Schlafen und Wachen zeigt.

Dies können wir auch zum Thema einer Mandalareise machen. Das ist eine Möglichkeit für Kinder, die eigenen Bedürfnisse in die eine oder andere Richtung besser wahrzunehmen, zu verstehen und so auch besser zu verwirklichen.

Materialien

Am Anfang steht das Gespräch über das Thema. Eine Erklärung, was etwa gemeint ist mit „innen" und „außen", und dann das Sammeln von Beiträgen der Kinder.

„Was gibt es denn, was mehr nach außen geht?" Da kann Verschiedenes kommen: Spielen (aber es gibt auch ein selbstversunkenes Spiel; nach außen gerichtet ist allerdings immer das Spielen mit anderen Kindern), Herumtoben, in die Schule (den Kindergarten) gehen, einen Ausflug machen: Wir sammeln die Antworten, schreiben sie auf.

„Was gibt es denn, was mehr nach innen geht?“ Träumen, Vor-sich-hin-Singen, Schlafen, Nachdenken, Seine-Ruhe-haben-Wollen, Malen (außer zusammen mit anderen), Lesen (obwohl wir doch von Dingen lesen, die „außen“ passieren): Wir schreiben auf, was passt, ohne weitere Bewertung.

Vieles lässt sich schlecht einordnen, hat keine Beziehung dazu oder vereint beides. „Das ist nicht typisch für eines von beiden, das lassen wir weg.“ Aber zu kritisch sind wir hier nicht. Das meiste lässt sich doch der einen oder anderen Seite zuschlagen.

Wenn wir zu Außen und Innen einige Punkte haben, überlegen wir, wie wir daraus ein Mandala bilden können. Die Mitte bleibt leer. Um sie herum das Nach-innen- und außen dann das Nach-außen-Gerichtetsein.

Symbole für die einzelnen Punkte können mit etwas Fantasie und einigen Zeitschriften gefunden werden.

Auch eine Mischung aus Collage (Bildausschnitte aus Zeitschriften) und Gegenständen wie Ball (für Spielen) und Feder (für Schlafen), Heft oder Füller (für Schule) usw. wirkt ansprechend.

Mandala legen

Wir können bei diesem Mandala sehr viele Gegenstände verwenden. Wichtig für die anschließende Betrachtung sind weniger die Gegenstände als vielmehr die grundlegende Unterscheidung von Mitte, innerem und äußerem Kreis.

Die Mitte bleibt leer.

Im inneren Kreis sind die Gegenstände oder Zeitschriftenausschnitte für die Richtung nach Innen angeordnet. Vielleicht finden wir eine sinnvolle Anordnung. Das muss aber nicht sein, die Dinge können auch unverbunden nebeneinander liegen.

Im äußeren Kreis liegen die Gegenstände oder Zeitschriftenausschnitte für die Richtung nach außen.

In der Wirklichkeit ist beides miteinander verwoben, geht ineinander über. Im Mandala versuchen wir eine klare Trennung zwischen beidem.

Die Kinder bekommen als Aufgabe, dass jedes mindestens einen Gegenstand nach innen und nach außen legt. Wenn Symbole doppelt oder dreifach vorhanden sind, macht das bei diesem Mandala nichts aus.

Meditative Übung Innen und Außen

Um die Kreise des Mandalas hat sich ein weiterer Kreis gebildet: der Kreis der Kinder. In der meditativen Betrachtung sitzen wir still um das Mandala. Der Leiter gibt in regelmäßigen Abständen einen Gongschlag oder ein ähnliches Signal: Dann wandert die Aufmerksamkeit zum nächsten Gegenstand. Es muss nicht beim gleichen Gegenstand begonnen werden, jeder kann sich seinen Anfang selbst suchen. Regel aber ist, dass immer abwechselnd ein Gegenstand aus dem inneren und einer aus dem äußeren Mandalakreis betrachtet wird. Eine Anleitung kann sein (nur die ersten Male zu nennen, dann abzukürzen oder ganz wegzulassen):

„Schau dir einen Gegenstand an, den Ball oder ein Foto oder die Feder oder irgendetwas anderes, was da liegt. Versuch dich zu erinnern, wie du selbst etwas damit zu tun hattest, beim Fußball, beim Schlafen, beim Singen, beim Wandern. Und sag dir dazu:'Das war nach innen' oder 'Das war nach außen', je nachdem.Und überleg dir, ob es dir mehr oder weniger wichtig ist."

(Etwas Zeit, dann Gong.)

„Und jetzt betrachte einen anderen Gegenstand, einen der nächsten im Kreis. Aber wenn dein voriger Gegenstand außen war, dann betrachte jetzt einen von innen. Und wenn er innen war, dann betrachte jetzt einen von außen. Und stell dir wieder vor, was du selbst damit zu tun hast, und wie du dich dabei fühlst. Und sag dir dann dazu: „Das war nach innen" oder „Das war nach außen", wieder je nachdem. Und überleg dir wieder,ob es dir mehr oder weniger wichtig ist."

(Etwas Zeit, dann Gong und weiter im Kreis der Gegenstände.)

Je nach Anzahl und Alter der Kinder kann die optimale Zeit sehr unterschiedlich zu veranschlagen sein. Die Übung sollte nicht zu lange dauern. Lieber zu wenige „Gongs" für die ausliegenden Gegenstände, als bis zum Überdruss alles „Abhaken".

Nach der meditativen Übung findet ein Erfahrungsaustausch statt. Jeder berichtet, was für Gegenstände gewählt wurden, was erinnert wurde und sonst noch gesagt werden möchte. Solche Berichte zeigen auch, wie lange die Übungen bei der jeweiligen Kindergruppe sein sollten.

Innen-und-Außen-Tanz

Nach Stillsitzen und Reden ein Tanz! Zwei Kinderkreise tanzen um die Raummitte, um das Mandala. Sie symbolisieren das Innen und das Außen – und dessen fortwährenden Wechsel. Das CD-Stück Nummer 10 eignet sich zum Unterlegen.

Die Kinder des inneren Kreises (nicht zu nah bei der Mitte!) halten sich an den Händen, das Gesicht nach innen gewandt. Die Kinder des äußeren Kreises haben ihre Gesichter nach außen gewandt und sich nicht an den Händen gefasst.

(1) Viermal Wiegen (nach rechts, nach links, nach rechts, nach links), dann einen Schritt vor und wieder zurück (der äußere Kreis nach außen, der innere Kreis nach innen), und noch einmal wiegen (nach rechts, nach links). Dies zwei Mal, zusammen sechzehn „Schritte“.

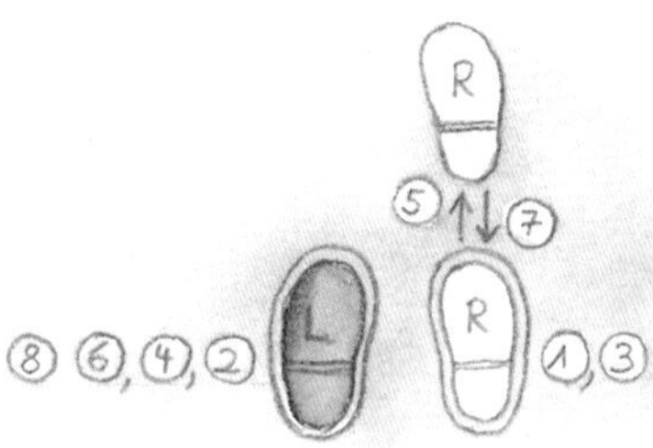

(2) Die Kinder des inneren Kreises lassen ihre Hände los, drehen sich um und gehen nach außen, unter den kommenden Kindern des äußeren Kreises hindurch. Die Kinder des äußeren Kreises haben sich gleichzeitig mit den inneren Kindern umgedreht und an den Händen gefasst. Sie gehen nach innen, heben die Hände dabei hoch, um die von innen kommenden Kinder durchzulassen. Innen nehmen sie die Plätze der vormals inneren Kinder ein, lassen die Hände wieder sinken. Die Positionen der beiden Kinderkreise sind nun genau vertauscht. Schritte dabei: drei (kleine) Schritte vor, beginnend mit rechts, dann einmal nach hinten wippen, auf links, dann drei (kleine) Schritte vor, wieder beginnend mit rechts, dann einmal nach hinten wippen, auf links: zusammen acht „Schritte“.

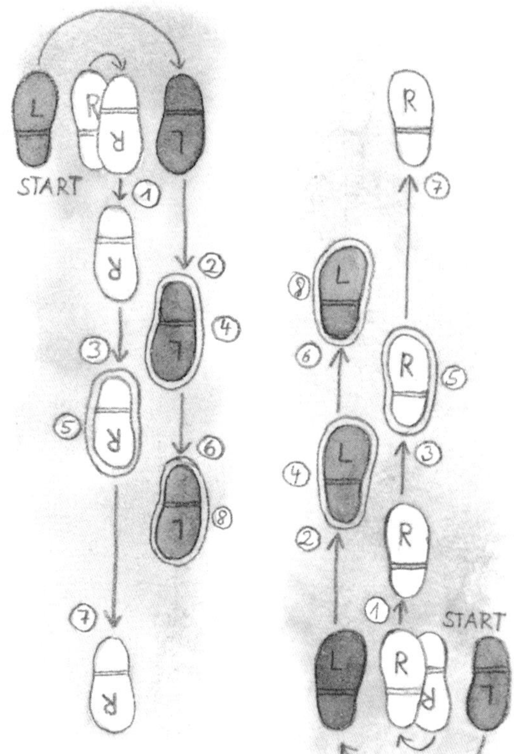

(3) Beginnend mit rechts zwei Schritte vor (jede Gruppe in ihre Richtung) und wieder zurück. Dann einen Schritt nach rechts, dann mit dem linken Fuß anschließen, dann noch einen Schritt nach rechts, und wieder anschließen. Zusammen acht Schritte.

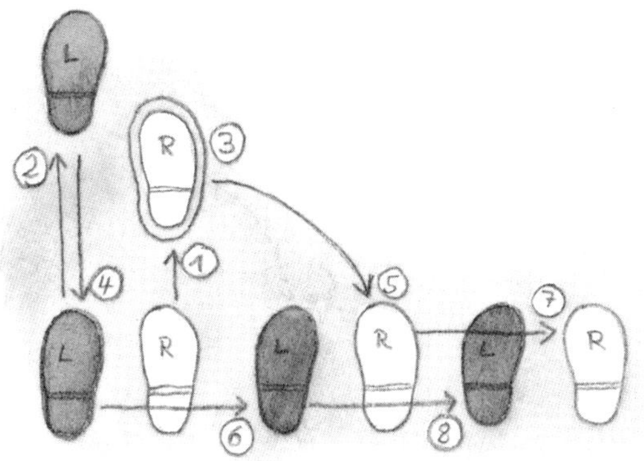

Die nächste Strophe beginnt, alles wiederholt sich wie oben.

Malen

Wie bei allen Mandalareisen kann auch hier frei gemalt werden (s. S. 11).

Das beiliegende Ausmalmandala bietet an einigen Stellen Platz für kleine eigene Bilder der Kinder. Hier können Dinge gemalt werden, die im gelegten Mandala vorkommen oder über die gesprochen wurde.

Mandalareisen zum Ergänzen

Dunkel und Licht

Thema: Tag und Nacht, Helligkeit und Dunkelheit auch in uns.

Materialien: Symbole für Hell und Dunkel, Tag und Nacht sammeln, bei einem Naturspaziergang einfach helle und dunkle Gegenstände.

Mandalalegen: In der Mitte eine Kerze oder ein anderes Sonnensymbol. Um die Kerze herum Gegenstände mit abnehmender Helligkeit bzw. mit abnehmender Beziehung zum Hellen.

Sinnesübung: s. unten „Dunkel und hell“.

Fantasiereise: s. unten „Vom Hell ins Dunkel“.

Tanz: Der Sonnenstrahlentanz (Anleitung S. 74 ff., Stück 10 auf der CD).

Malen: Frei nach der Fantasiereise oder eigenen Ideen.

Dunkel und hell
Sinnesübung

Die Kinder stehen in einem weiten Kreis. Der Raum wird abgedunkelt, bis nur noch ein klein wenig Licht ist.

Alle achten darauf, wie sich die Augen an das wenige Licht gewöhnen und alles nach kurzem wieder heller erscheint.

Dann gehen alle langsam zur Kreismitte (um das Mandala) setzen sich dort hin, dicht aneinander und bleiben so wird einige Zeit.

Dann wird in der Mitte eine Kerze entzündet und einige Zeit im Licht der Kerze verbracht.

Anschließend wird über das Erlebte geredet, über die Empfindung von Hell und Dunkel, über die durch die Veränderungen ausgelösten Gefühle, über die Veränderung von Verhaltensweisen. Waren die eigenen Bewegungen langsam oder schnell bei Hell bzw. Dunkel? Veränderte sich die Lautstärke im Raum und die eigene Lautstärke nach Hell und Dunkel? Wann wird Hell als gut und wann als ungut empfunden? Wie ist es entsprechend bei Dunkel?

Vom Hellen ins Dunkle
Fantasiereise

Stell dir vor zu gleiten, mit weitausgebreiteten Flügeln, rund um die Sonne, ganz nahe bei ihr, durch einen strahlendweißen Himmel, voll Freude, glücklich, ganz hell.

Du fliegst weite Kreise um diese gewaltige runde Helligkeit, sicher und leicht, getragen von deinen Schwingen. Du fühlst die Weite und Helligkeit auch in dir. Du hörst den Gesang des Lichts.

Deine Kreise werden weiter, die Sonne rückt langsam ferner. Die Farbe des Himmels verändert sich zu einem offenen Blau. Der Gesang in dir verändert sich.

Immer tiefer gleitest du. Die Sonne ist nur noch ein heller Ball über dir. Unter dir liegen hohe Gebirge und dunkle Wälder. Du gleitest sicher über sie hinweg. Das Lied in dir ist dunkel und hell.

Du bist gelandet. Dein Nest liegt versteckt auf der dunklen Erde. Dichte Wipfel halten die Helligkeit ab. Hier liegst du geborgen, die Augen geschlossen, deine Schwingen hüllen dich ein. Du fühlst die Dunkelheit dich wohlig umschließen. Ein Lied geht durch dich. Es singt von der dunklen Erde.

Streit

Thema: Streit, Gefühle und Gedanken dabei, und wie sie sich verändern.

Materialien: Fotos von Gewalt, ihren Ursachen, Mitteln, Auswirkungen.

Mandalalegen: Bilder ausschneiden, Collage um eine leere Mitte.

Meditative Übung: Um das Mandala sitzen, sich entweder die Bilder oder einen selbst erlebten Streit vergegenwärtigen. Die Übung kann auch etwa nach der meditativen Übung „Gefühle“ angeleitet werden (s.S. 37 f.).

Geschichte: Die Geschichte von den zwölf Küken (s. unten) lehnt sich an ein vietnamesisches Sprichwort an, das ich irgendwo einmal gelesen habe,

Tanz: Der Wutteil des Gefühle-Tanzes (S. 38 ff.) wechselt immer mit dem Glückteil ab.

Malen: Freie Formen um die Mitte, die mit Streit assoziiert werden. Vorgaben können sein: Außen beginnen: zackig, schroff, eckig. Weiter nach innen, der Mitte zu, wird es immer weicher, sanfter, runder.

Geschichte von den zwölf Küken

Es war einmal ein Garten am Dorfrand. Da stand ein Hühnerhaus, in dem lebten viele Hühner. Weil die immerzu Hunger hatten, war das Gras im Garten bald ganz ausgerissen und verspeist, denn das mochten sie sehr. Nur noch Brennesseln standen. An die ging kein Huhn heran. Doch jeden Tag kam die Bäuerin und streute Getreidekörner aus. Wo immer die Hühner gerade waren, schnell liefen sie herbei, aus dem Schatten der Bäume, vom Drahtzaun, heraus aus dem Hühnerhaus. Sie gackerten aufgeregt und pickten die Körner auf. Jedes Huhn versuchte, soviel wie möglich zu bekommen. Das war ein Gedränge!

In dem Garten lebte auch eine Henne, die hatte zwölf Küken. Die waren die Jüngsten im Hühnergarten. Auch sie rannten eilig herbei, wenn Körner ausgestreut wurden. Aber sie hatten so kurze Beine, daß sie meist erst ankamen, wenn fast alles schon aufgepickt war. Und die großen Hühner drängten die Küken einfach beiseite, sie bekamen nur wenig ab.

Manchmal streute nicht die Bäuerin aus, sondern ihre Enkelin, ein kleines Mädchen, mit braunen Zöpfen. Die warf dann gerne gerade den Küken etwas hin. Aber die hätten am liebsten immer noch mehr gehabt.

Gegen die großen Hühner kamen die Küken nicht an, und so versuchten sie es erst gar nicht, sondern stritten sich untereinander. „Ihr pickt uns immer das beste weg“, piepten die sechs mit dem Fleck auf dem Schnabel empört. „Ihr drängelt euch immer vor, auch wenn wir vorher da waren“, piepten die anderen sechs mit den krummen Beinchen dagegen. Bald hatten sie sich völlig verzankt und wollten sich schlagen, in einem richtigen Krieg.

Weil sie aber doch alle Küken *einer* Henne waren, konnten sie das einfach nicht tun. Um gegeneinander kämpfen zu können, malten sie sich endlich gegenseitig Farben ins Gesicht. Die sechs mit dem Fleck auf dem Schnabel malten die anderen sechs an. Finstere Linien, Zacken und Bögen malten sie ihnen um Augen und Schnabel. Schließlich sahen sie aus wie schreckliche Ungeheuer. Und die sechs mit den krummen Beinchen malten die sechs anderen an. Den Flaum ihres Gesichts tauchten sie in schwarzblaue Tinte, grelle Linien zogen sie hindurch, bis auch deren Gesichter zu furchtbaren Fratzen geworden waren. Nun konnten sie gegeneinander kämpfen.

Sie lieferten sich eine heftige Schlacht. Mit ihren kleinen Schnäbeln hackten sie aufeinander ein, die winzigen Flügel schlugen sie sich um die Ohren und piepten dazu wild. Eine ganze Weile schon ging der Kampf, und keiner wollte sich geschlagen geben. Die trockene Erde des Gartens wirbelten sie auf und ließen nicht locker.

Da erschien plötzlich das kleine Mädchen im Hühnergarten. Erschrocken blieb es stehen, als es die Küken streiten sah. Dann lief es davon. Mit einem Eimer Wasser kam es zurück. Es fing jedes Küken und wusch es sauber. Dann stellte das Mädchen die Küken neben den Eimer. Schließlich standen sie alle da und schüttelten das Wasser aus dem Flaum. Sie schauten sich an. Die Fratzen waren abgewaschen. Nun sahen sie wieder ihre wahren Gesichter. Da konnten sie nicht mehr gegeneinander kämpfen.

Sonnenblumen

Thema: Sonnenblumen. Oder Herbst am Beispiel von Sonnenblumen.

Materialien: Auf einem Naturspaziergang besorgen wir uns Blätter und einige Sonnenblumenköpfe.

Mandalalegen: Ein Sonnenblumenkopf kommt in die Mitte. Mit Kernen von anderen und Blättern legen wir Muster um ihn herum. Eine Schale mit Wasser, ein Tuch, eine Kerze und ein Wegstein können für die Elemente stehen und von den Mustern umschlossen werden.

Sinnesübung: Ein oder zwei kleine Sonnenblumenköpfe gehen herum, werden in Stille und möglichst mit geschlossenen Augen ertastet.

Alternativ eine meditative Übung: Wir sitzen um das gelegte Mandala und stellen uns (Wechsel mit Gongschlag) bei jedem der vier gelegten Elemente vor, wie es beiträgt zum Wachsen der Sonnenblume. Bei einem fünften Gongschlag überlegt jeder (leise), was sonst noch nötig ist.

Fantasiereise: Das Sonnenblumenmeer (s. unten).

Tanz: Der Sonnenstrahlentanz (Anleitung s. S. 74 ff., Stück 10 auf der CD).

Malen: Frei oder die Ausmalvorlage.

Sonnenblumenmeer

Fantasiereise

Vor der Siedlung liegt ausgebreitet das Sonnenblumenfeld. Dicht steht dort Blume an Blume. Zusammen sind sie wie ein wogendes Meer.

Die Sonnenblumen bewegen sich im Wind. Du siehst sie wie Wellen treiben. Du hörst das Rauschen der Blätter und die dunkleren Klänge, wenn sich die großen Köpfe berühren.

Unter dem Rauschen spürst du die Stille. Unter dem Rauschen ist die Ruhe sehr groß. Wenn du auf sie achtest, dann wächst die Ruhe in dir. Achte auf die Ruhe in dir!

In dieser Ruhe bewegen sich die großen Köpfe der Sonnenblumen. Die Kerne sind schon ganz schwarz. Nur noch ein paar gelbe Blütenblätter sind geblieben, die meisten sind schon dunkel geworden im Licht. Die schweren Köpfe schwanken hin und her im Wind, in dieser leichten Bewegung, die schweren Köpfe der Sonnenblumen. Wenn du darauf achtest, dann fühlst du die wohlige Schwere auch in dir. Achte auf die Schwere in dir!

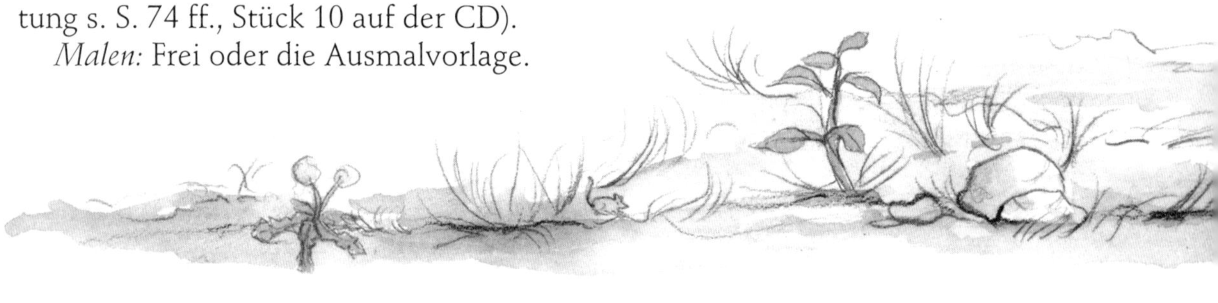

Die Sonne steht hoch über dem Land. Ihre Strahlen fallen unterschiedslos auf alles. Ihr Licht ist in der Stille fast wie ein Flüstern. Das Flüstern ist warm. Die Wärme der Sonne erfüllt das Land. Wenn du darauf achtest, dann wächst die Wärme auch in dir. Achte auf die Wärme in dir!

Vögel pfeifen im Sonnenblumenfeld. Vielleicht sind es ein paar freche Spatzen, vielleicht sind da auch Buchfinken vom nahen Wald. Das Rauschen des Feldes nimmt alles auf – und auch die Stille, die unter ihm liegt.

Blume steht an Blume. Manche ist groß, manche klein, manche hat viele Kerne, manche wenige, manche hat einen hellen, leuchtenden Blätterkranz, manche ist schon ganz schwarz gebrannt – aber jede hat ihren Platz dort, alle stehen sie dort unter dem gleichen Licht. Zusammen sind sie ein Meer, das Sonnenblumenmeer, das wogt dort ganz in der Ruhe, ganz in der Schwere, ganz in der wohligen Wärme.

Wege

Thema: Die Wege, die es gibt und die wir gehen.

Materialien: Eine Collage bietet sich an, aus Zeitschriftenbildern von Wegen und Transportmitteln und Füßen bzw. gehenden Menschen.

Mandalalegen: Die Mitte bleibt leer oder es ist ein stehender Mensch dort zu sehen. Von der Mitte nach außen werden die ausgeschnittenen Bilder nach Größe der Wege (etwa: Pfad innen, Autobahn außen) und Geschwindigkeit (innen langsam, außen schnell) angeordnet.

Sinnesübung: Beispielsweise „Füße und Wege" oder „Schnell und langsam" (s. folgende Seiten).

Fantasiereise: Auf Schwimmen ist beim Gespräch über das Thema vielleicht gar niemand gekommen. Die Fantasiereise kann davon handeln, mit „Die Reise der Wale“: Wale „wandern“ durch die Weltmeere – auf Wegen, die wir nicht sehen, die sie aber genau kennen (s. S. 53). Alternativ kann die Fantasiereise „Weg durch die Felder“ von der CD vorgespielt werden.

Tanz: Vielleicht der Quellentanz (Anleitung S. 81 f., Stück 22 auf der CD): Zuerst wird im Kreis gegangen, dann nach innen, zum Schöpfen von Kraft, dann nach außen, die Kraft in die Welt zu verströmen.

Malen: Wir versuchen frei ein geometrisches Mandala zu malen mit eher „ruhigen“, „langsamen“ Elementen innen und „unruhigen“, „schnellen“ Elementen außen.

Füße und Wege
Sinnesübung

Meist achten wir wenig auf den Weg und den Untergrund, auf dem wir gehen. Nur wenn er schwierig wird, nehmen wir ihn bewusst zur Kenntnis. Dann aber auch nur, um möglichst schnell zum normalen, zum bewusst-losen Gehen zurückzukehren.

Eine Wahrnehmungsübung aus der Sinnesschulung beschäftigt sich damit. Wir gehen dazu auf unterschiedlichem Untergrund. Wir gehen barfuß im Haus, auf Fliesen, auf Holz- und Steinboden, auf Linoleum, Teppich – was immer im Haus vorkommt. Wir gehen schweigend und achten ganz auf die Empfindungen in unseren Fußsohlen und auf die Veränderungen in unseren Bewegungen. Wir versuchen anschließend, das Erlebte in Worte zu fassen.

Wir gehen – wenn das Wetter es zulässt barfuß, sonst in Schuhen – im Garten, in der Nachbarschaft, in der näheren Natur. Wir gehen verschiedene Wege: die Asphaltstraße, den Feldweg, den Fußpfad. Wir gehen über die Wiese, gehen im Wald auf weicher Erde, auf Wurzeln, auf Nadeln, Blättern und Moos. Vielleicht ist ein Baggersee oder ein Fluss in der Nähe: wir gehen auf Kies. Vielleicht ist ein Berg da, mit Fels. Sommers versuchen wir im Wasser zu gehen, am Seerand, im Bach. Im Sommer ist es sehr interessant, auf gemähten Wiesen zu gehen, auf dem Heu, und im Herbst auf dem Stoppelfeld – ob wir das lange aushalten?

Zu Hause fassen wir das Erlebte in Worte. Vielleicht reden wir noch darüber, dass die Menschen früher Schuhe nicht kannten, dass Schuhe auch heute noch mancherorts selten sind – und die Menschen kamen und kommen trotzdem zurecht. Schuhe verbessern das Gehen – aber die Füße passen sich daran an, wie sie sich vorher an das Gehen ohne Schuhe angepasst haben. Die Fußsohlen sind viel empfindlicher, wenn man immer Schuhe trägt. Trägt man keine, stellen sie sich darauf ein. Eine Indianerin sagte dazu: „Ich sehe die Erde mit den Füßen. Schuhe machen meine Füße blind.“

Schnell und langsam
Sinnesübung

Wir bewegen uns zu Fuß unterschiedlich schnell vorwärts und achten darauf, wie das auf uns wirkt. Vielleicht haben wir sogar ein Gerät (Blutdruckmesser), mit dem wir bei einigen Kindern den Puls und den Blutdruck mit ihren Veränderungen verdeutlichen können.

Zuerst gehen wir ganz langsam. Für einen Schritt brauchen wir eine kleine Ewigkeit.

Dann gehen wir normal.

Dann laufen wir.

Dann rennen wir so schnell es geht.

Dann gehen wir zum Ausklang wieder normal.

Wir sammeln, wie wir uns jeweils gefühlt haben. Was haben wir jeweils körperlich empfunden? Was haben wir psychisch empfunden? Sind uns die Unterschiede aufgefallen? Ist es möglich, uns bewusst körperlich und psychisch zu beeinflussen, einfach indem wir unterschiedlich schnell gehen?

Die Reise der Wale
Fantasiereise

Die Reise der Wale hat schon vor Wochen begonnen. Hoch oben im Norden, in der Nähe des ewigen Eises, sammelte sich die Herde. Gemächlich schwammen die Wale im offenen Wasser, nicht weit vom Rande des Eises, hierhin, dahin, im Kreis, wie im Spiel.

Dann, eines Tages, verließen sie die nördlichen Gewässer und begannen ihre Reise in den Süden. Ihr Weg dauert immer noch an.

Das Meer erstreckt sich endlos in alle Richtungen. Die Wale pflügen sich ihren Weg durch das geschmeidige Wasser. Manchmal kann man ihre breiten Rücken aus der Bläue des Meeres auftauchen sehen, manchmal sind sie wie in den Fluten verschwunden.

An den Tagen ändert sich scheinbar nur die Helle des Lichtes und die steiler werdende Bahn der Sonne. Langsam, ganz langsam scheint das Wasser wärmer zu werden. Das Leben wird zahlreicher, je weiter die Wale nach Süden kommen. Riesige Schwärme von Fischen schwimmen unter ihnen weg.

In der Nacht zeigt sich die Veränderung im Lauf der Sterne über ihnen. Die Sternbilder scheinen langsam, ganz langsam zu wandern.

Ein Schiff begegnet ihnen. Die Wale weichen ihm aus. Selten treffen sie auf eine Insel im Meer. Dann hören sie Möwen im Wind, sehen vielleicht die

Segel von kleinen Booten – und Sand, und Palmen, vielleicht einen Berg, der sich über der endlosen Wasserfläche erhebt.

Die Wale sind groß. Ihre Stärke zeigt sich in ihrer Langsamkeit. Ihre Ruhe zeigt, dass sie stark sind. Die Wale ziehen durch das endlose Meer. Sie leben die Ruhe und Stärke des Meeres.

Vielleicht kannst du sie manchmal singen hören. Ihre Gesänge sind tief und von großer Kraft. Ihre Ruhe liegt weit über dem Rauschen der Wellen.

Über dem Rauschen der Wellen ist die Luft, mit dem Geruch aus Frische und Salz.

Über dem Meer ziehen Wolken. Ihre Ruhe ist leichter als die Ruhe der Wale. Alles geht einfach durch sie hindurch.

Die Sonne ist warm geworden. Ihre Wärme und Kraft ist in der Ruhe des Meeres, in der Ruhe der Wale. Die Wale

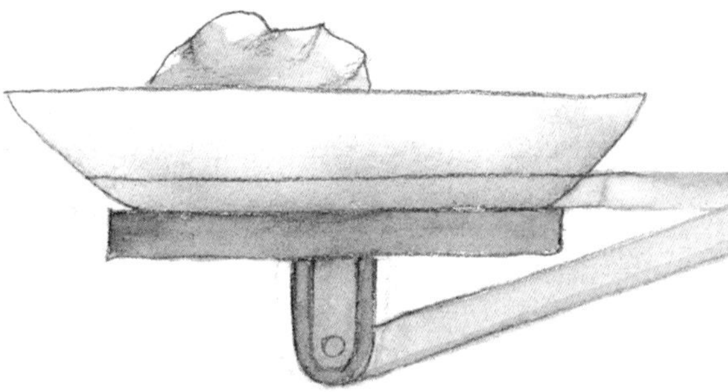

schwimmen langsam nach Süden, langsam und kraftvoll durch die unendliche Weite des Meeres. Wenn du die Kraft und Ruhe der Wale spürst, dann sind die Ruhe und Kraft auch in dir.

Schwere

Thema: Schwer und leicht.

Materialien: Auf einem Naturspaziergang (oder im Haus) sammeln wir schwere und leichte Dinge.

Mandalalegen: Die Mitte bleibt leer. Wir überlegen genau, ob wir der Mitte zu leicht und nach außen hin schwer werden oder umgekehrt oder ganz anders.

Sinnesübung: Beispielsweise „Himmelswaage, Erdenklang“ (s. unten).

Fantasiereise: „Federfall“, s. unten. Oder Stück 12 „Wolken“ von der CD.

Tanz: Beispielsweise der Schneeflockentanz (Anleitung S. 79 f., Stück 18 auf der CD).

Malen: Frei oder angelehnt an das gelegte Mandala.

Himmelswaage, Erdenklang

Sinnesübung

Verschiedene Dinge werden vom Himmel gewogen. Der Himmel ist nicht nur etwas über uns, er ist überall um uns, wo immer die Luft hin reicht. Er reicht bis zwischen die Spitzen des Grases, bis auf den Erdboden.

Jemand nimmt eine Feder, hält sie möglichst hoch und lässt sie fallen. Alle achten genau auf ihren Flug durch den Himmel, auf die Dauer des Fluges und

die Bewegungen der Feder dabei, und auf das Geräusch, wenn sie auf der Erde auftrifft. Dazu müssen alle ganz still sein (und werden je nach Feder vielleicht trotzdem nichts hören).

Jemand nimmt ein Blatt und versucht dasselbe mit ihm. Alle achten entsprechend auf seinen Flug durch den Himmel und den Klang auf der Erde.

Jemand versucht es mit einem Stück Holz.

Jemand versucht es mit einem Stein.

Wir reden darüber. Der Himmel wiegt die Dinge. Das Zarte, Leichte, Sanfte wird von ihm getragen, eine Zeitlang. Das Feste, Schwere fällt schnell durch ihn durch. Die Erde nimmt die vom Himmel getragenen Dinge leicht auf. Je fester, härter, schwerer etwas ist, umso stärker protestiert sie, umso lauter tönt sie dagegen. Je fester, härter, schwerer etwas ist, umso stärker wird es meistens auch selbst beeinträchtigt durch den Sturz auf die Erde.

So können verschiedene Dinge ausprobiert werden. Am besten aber, man bleibt bei ein paar Dingen und probiert verschiedene Federn, verschiedene Blätter, verschiedene Steine aus. Die Unterschiede sind auch innerhalb einer Kategorie groß.

Federfall
Fantasiereise

Hoch über dem Land fliegt der Vogel. In weiten Kreisen zieht er über das Land. Die Sonne ist nah, die Berge und Täler weit unten sind klein. Wind pfeift ihm durch sein Gefieder. Der Himmel trägt ihn.

Eine Feder löst sich im Wind. Schnell treibt sie hinein in den Himmel. Sie taumelt hin, her. Rings um sie, über ihr, unter ihr so viel Weite.

Die Feder fällt wie endlos. Sie zieht kleine Kreise. Der Wind treibt sie ein Stückchen vor sich her. Immer ist sie in Bewegung und ruht doch ganz still in dem Himmel. Es ist wie ein Traum.

Das Land unter der Feder ist näher gekommen. Die Feder fällt in ein kleines Tal. Die Wipfel der Bäume rauschen freundlich im Wind. Licht blinzelt darin. Auf den Wiesen wiegt sich hohes Gras.

Zwischen den Wipfeln hindurch segelt die Feder, ganz leicht. Am Haselbusch fliegt sie vorbei. Sie landet am Waldbach, auf den Kieseln am Wasser.

Der Bach rauscht. Die Steine liegen schwer auf dem Grund und am Strand. Die Feder liegt leicht zwischen Steinen. Vielleicht hörst du sie singen, jetzt wo sie ruht. Vielleicht hörst du die Musik der Steine um sie.

Ursprünge

Thema: Ursprünge der belebten Natur, von Menschen, Tieren, Pflanzen.

Materialien: Verschiedene Samen: Nüsse, Körner, Eicheln, Bucheckern, Hagebutten, eventuell auch hartgekochte Eier. Außerdem noch Früchte und Blätter.

Mandalalegen: Die Mitte bleibt leer oder sie wird aus Symbolen für die vier Elemente gebildet. Um die Mitte herum werden die Samen angeordnet. Um diesen ersten Kreis herum ist ein Kreis mit Blättern. Um diesen ein Kreis mit Früchten (die oft mit den Samen identisch sind, beispielsweise die Haselnuss; dagegen läge außen ein Apfel und innen Apfelkerne).

Sinnesübung: Jeder holt sich etwas vom inneren Kreis und erfühlt es in Stille, mit geschlossenen Augen. Bei einem Gongschlag wird der Gegenstand weitergegeben und der nächste erfühlt.

Fantasiereise: „Samen", s. unten. Oder Stück 3 „Die Quelle" von der CD.

Tanz: Der „Kirschblütentanz" (Anleitung s. S. 71 ff., Stück 5 auf der CD).

Malen: Frei, etwa nach dem gelegten Mandala.

Samen
Fantasiereise

Stell dir vor, in deiner Hand liegt ein Samen. Vielleicht ist es eine Eichel von einem Eichbaum, oder eine Buchecker von einer Buche, oder ein Getreidekorn, oder eine Nuss vom Haselstrauch, oder eine Kastanie, oder ein Apfelkern, oder etwas in dieser Art.

Stell dir den Samen vor: seine Kleinheit, Zartheit, das Runde an ihm, wie er geschlossen und glatt nach außen sich zeigt.

Tief innen im Samen ist es lebendig. Vielleicht kannst du es fühlen. Es schläft dort, es ruht. Es ruht in lebendiger Stärke. Es träumt.

Es träumt in sich das Lied vom Wachsen, von der Größe und Kraft, von Sonne und Regen. Das Lied klingt ganz in ihm selbst.

In seiner Stärke, in der Kleinheit des Samens, ist das Große schon ganz enthalten. In der Eichel ist der Eichbaum enthalten, im Getreidekorn der ganze Halm, in der Nuss der Haselstrauch, im Apfelkern der Apfelbaum mit seinen vielen Äpfeln. Stell dir den Samen vor, der so unscheinbar ist, mit seiner Kraft, die so groß ist wie dann später der Baum oder der Halm.

Der Same liegt einfach nur da. Irgendwann wird er wachsen. Ein Trieb wird durch das Glatte und Runde des Samens brechen, ans Licht der Sonne, an die Erde. Getränkt vom Regen wird er weiter wachsen, nach unten: die Wurzel, nach oben: der Stamm oder der Halm.

In deiner Hand liegt der Samen. Wenn du die Hand schließt, kannst du ihn völlig umfassen. Im Kleinen ist das Große schon enthalten. Die Kraft ist immer schon da, auch in dir selbst. Du kannst sie fühlen, tief in dir selbst.

Blätter-Mandala

Thema: Herbstblätter.

Materialien: Wir sammeln auf einem Naturspaziergang abgefallene Blätter, möglichst bunte und verschiedenartige.

Mandalalegen: Die Mitte bleibt entweder frei oder wir setzen Symbole für die vier Elemente hinein oder wir legen dort gleichfalls gesammelte Früchte, etwa Haselnüsse, Eicheln, Bucheckern: was immer wir bei den Bäumen fanden, von denen die Blätter stammen.

Sinnesübung: Wir lassen verschiedene Blätter herumgehen und ertasten sie: ihre Oberfläche, ihre Ränder, die Adern.

Fantasiereise: „Blätter am Boden", s. unten.

Tanz: Herbstblättertanz, Anleitung S. 76 ff., Stück 14 auf der CD.

Malen: Entweder frei oder das beiliegende Ausmalmandala Kastanie.

Blätter am Boden
Fantasiereise

Stell dir vor, du stehst unter einem Herbstbaum und schaust hinauf in seine Krone. Die Blätter sind bunt. Du siehst dort Gelb und Grün und Braun und Rot.

Ein Wind geht, in Böen. Die Äste wippen auf und nieder. Die Blätter rauschen, lauter als je im Frühling oder im Sommer. Denn die Blätter sind nun nicht mehr jung und weich und zart, sondern alt und hart und rauh. Sie rascheln nun laut.

Ein Wind fährt heftig durch die Krone des Baumes. Blätter lösen sich aus dem Wipfel und taumeln zur Erde. Verfolge ein wenig ihren Weg.

Die Blätter wirbeln wild um sich selbst. Der Wind treibt sie weg vom Baum.

Schon ist der Wind weitergezogen und die Blätter fallen langsam zur Erde, durch die offene Luft. Die Blätter kreisen und fallen im Kreisen.

Dann treffen die ersten auf den Boden. Sie fallen ins Gras. Eins nach dem anderen fällt auf die Wiese und liegt nun da.

Die Blätter liegen einfach da, bunt nebeneinander, im Gras. Sie sind nun der Erde ganz nah. Vielleicht hören sie dort den Ton der Erde. Vielleicht klingt der Ton tief.

Hoch über ihnen ziehen Wolken. Sie ziehen im Wind, der dort oben noch stärker geht – aber gleichmäßiger. Sie ziehen in die Richtung, in die die Blätter gefallen sind. Die Wolken sind bauchig und weiß. Hinter den Wolken der Himmel ist blau. Vielleicht klingt auch am Himmel ein Ton. Vielleicht klingt er hoch.

Unter dem Himmel und auf der Erde liegen die Blätter. Die Stille in ihnen ist tief. Sie rascheln nur, wenn eine Windböe sie bewegt und gegeneinander stößt. Die Stille in ihnen bleibt auch dann wie zuvor.

Spür in die Stille der Blätter hinein! Die Stille der Blätter ist auch die Stille in dir.

Wurzel-Mandala

Thema: Den Wurzeln nachspüren, zur Quelle der Kraft.

Materialien: Auf einem Naturspaziergang sammeln wir verschiedene Gegenstände: am wichtigsten sind die Wurzeln (beispielsweise von entwurzelten Bäumen), außerdem Blätter, abgebrochene Zweige, Bucheckern, Eicheln, Tannenzapfen, andere Früchte, eventuell Blumen und Blüten – was die Jahreszeit bietet.

Mandalalegen: Wir lassen die Mitte frei und legen um sie einen Kranz aus (gewaschenen) Wurzeln. Um diesen ersten Kreis kommen dann die anderen gesammelten Gegenstände.

Sinnesübung: Wir lassen Wurzeln herumgehen, ertasten sie.

Fantasiereise: „Wurzeln“, s. unten.

Tanz: Beispielsweise der Quellentanz, Anleitung S. 81 f., Stück 22 auf der CD.

Malen: Frei, in Anlehnung an die Ordnung des gelegten Mandalas.

Wurzeln

Fantasiereise

Der Stamm des Baumes reicht hoch in die Luft, immer dünner wird er. Über ihm ist nur noch der Himmel, mit Vögeln und Wolken – die einen flattern und zwitschern, die anderen ziehen still und langsam dahin.

Wenn du den Stamm von oben nach unten betrachtest, siehst du, wie er erst schmal ist und dann immer mächtiger wird, und knapp über dem Boden noch einmal breiter. Dann verschwindet er im Erdreich.

Stell dir den Stamm unter dem Boden vor, wie er sich verzweigt in Wurzeln, wie er selbst sich auflöst – aber nicht etwa einfach verschwindet, sondern verwandelt in Wurzeln.

Noch tiefer in der Erde ist Stille. Das ist der Ort jeder Kraft. Alles dort ruht. Die Ruhe ist ganz in sich geschlossen.

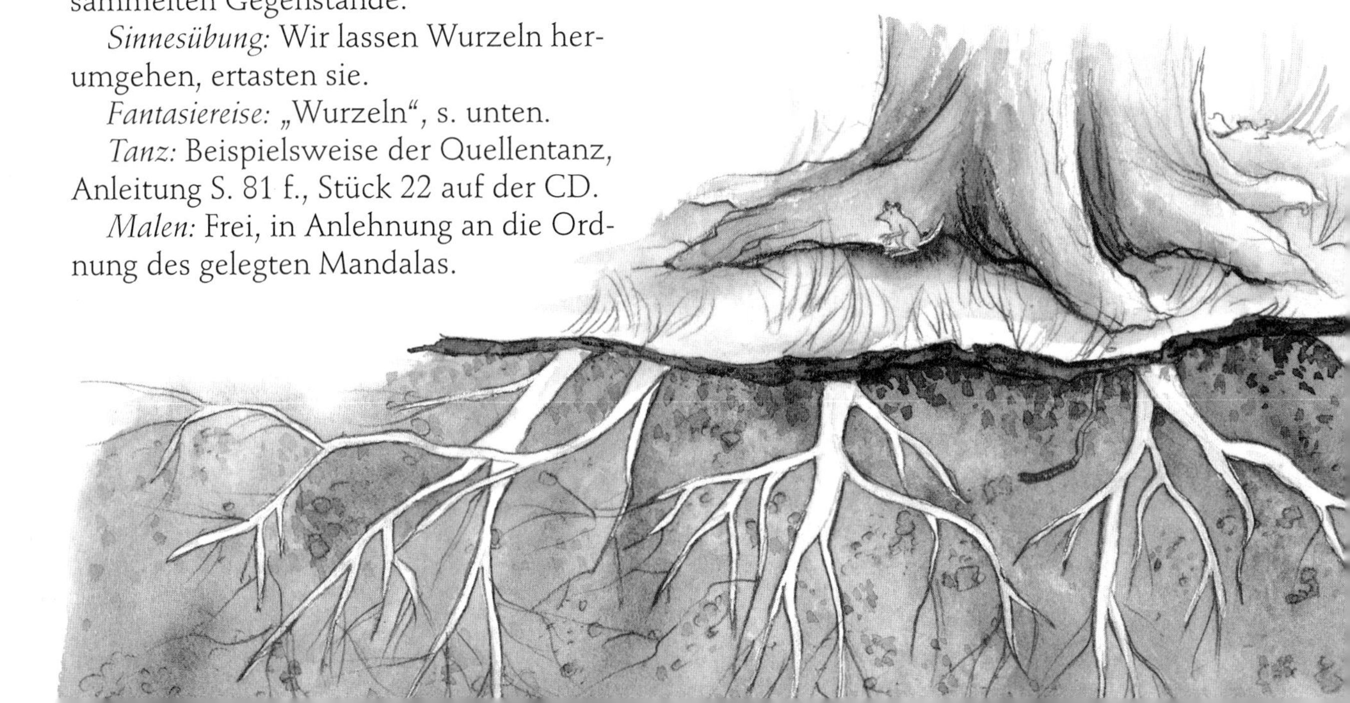

Die Wurzeln gehen zur Stille., sie suchen nach Halt. In feste Erde graben sie sich, um Felsen und Stein. Vielleicht siehst du hier oder da eine Wurzel wieder herauf bis zum Boden kommen. Andere Wurzeln gehen weiter nach unten, sie suchen nach Wasser und Mineralien. Sie suchen nach dem Ort dieser Stille, nach dem Ort dieser Kraft.

Das Untere trägt alles Obere. Das Untere versorgt alles Obere mit Wasser und Mineralien. Von unten strömen sie hinauf, durch den Stamm in die Äste, die Zweige, hinein in die Blätter. Das Untere wirkt in allem dort über dem Erdreich. Das Untere erst treibt die Knospen hinaus – und die Blüten. Das Untere erst öffnet den Baum in die Welt.

Wenn du die Wurzeln hinuntersteigst, dann kannst auch du zu ihm kommen, zu dem Ort dieser Kraft. Das ist auch in dir. Die Wurzeln zeigen dir den Weg, den Weg tief hinein in die Stille und Kraft.

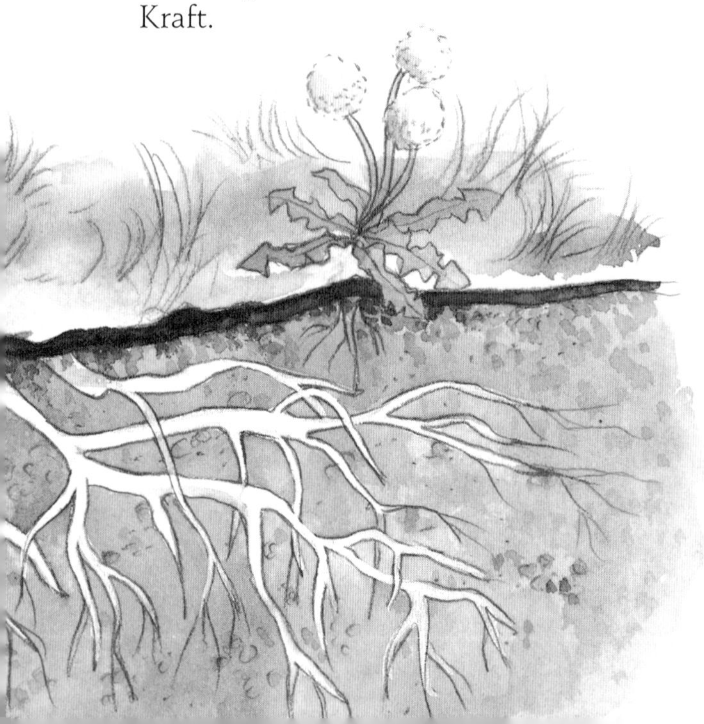

Abstand-Mandala

Thema: Der unterschiedliche Abstand, den wir zu den Dingen und Menschen haben, und was dieser Abstand für uns bedeutet.

Materialien: Aus Zeitschriften werden Bilder ausgeschnitten von Tieren, Menschen, Situationen, Landschaften, sonstigen Dingen, zu denen wir einen nahen Abstand, einen mittleren und einen weiten empfinden. Ein naher Abstand besteht zu Dingen, die wir sehr mögen oder die wir hassen, ein weiter zu Dingen, die wir gleichgültig finden. Nah steht also nicht etwa einfach für mögen und weit für nicht mögen! Jeder schneidet zu jedem Abstand etwas aus.

Mandalalegen: In die Mitte wird ein symbolischer Mensch gesetzt, beispielsweise ein gemaltes Strichmännchen, oder ein Herz.

Meditative Übung: Wir verweilen etwas in Stille. Drei Gongschläge: Beim ersten vergegenwärtigen wir das, was wir selbst ganz außen ans Mandala gesetzt haben (großer Abstand), beim zweiten das mittlere, beim dritten das nahe. Wir achten jedesmal auf die Gefühle, die wir empfinden und versuchen, den unterschiedlich großen Abstand zu den Dingen zu empfinden.

Thematische Vorstellungsübung: Nähe und Ferne, s. unten.

Tanz: Der Quellentanz, Anleitung S. 81 f., Stück 22 auf der CD.

Malen: Entweder frei oder ein eher geometrisches Ausmalmandala.

Nähe und Ferne

(1) Stell dir eine Situation vor, die du magst. Vielleicht wie du etwas mit anderen unternimmst oder etwas spielst. Stell es dir erst von ganz Weitem vor, von oben, als würdest du es von hoch oben am Himmel aus beobachten. Von dort sieht es klein aus. Zu hören ist nichts oder wenig. Um es herum ist die ganze Welt. Es ist wie eingebettet in allem anderen.

Stell dir diese schöne Situation vor, wie sie sich ganz einfügt in die weite Welt. Achte darauf, wie dir die Welt erscheint. Ist sie für dich eher hell oder eher dunkel? Eher schnell oder langsam? Eher grau oder bunt? Eher weit oder eng? Achte darauf, was dir sonst noch alles auffällt.

Jetzt stell dir vor, wie diese schöne Situation größer wird. Vielleicht rückst du von oben immer näher heran. Oder du betrachtest sie durch ein Fernrohr, das du nun auf eine immer stärkere Vergrößerung einstellst. Stell dir vor, wie die schöne Situation näher rückt und größer wird. Und achte darauf, was sich dabei alles verändert. Achte darauf, ob sich etwas an der Situation verändert oder an der Umgebung. Achte darauf, ob vielleicht die Helligkeit zu- oder abnimmt. Oder die Farbigkeit. Oder die Weite. Vielleicht kannst du auch etwas hören. Oder etwas riechen. Achte darauf, ob du die Situation nun freundlicher findest als aus der Ferne oder andersherum. Achte darauf, was sich an deinen Gefühlen verändert.

(2) Nun wechselt langsam die Situation. Du bleibst aber immer noch ganz nahe daran. Stell dir etwas vor, ganz nahe, was dir nicht so gefällt. Vielleicht einen Streit oder eine Klassenarbeit oder sonst etwas, das dir unangenehm ist.

Achte wieder darauf, ob du es eher hell oder dunkel findest, eher schnell oder langsam, eher grau oder bunt, eher eng oder weit, eher laut oder leise. Achte darauf, ob du dich eher getrennt von den anderen oder nahe bei den anderen fühlst, ob du die anderen eher magst oder nicht magst. Achte darauf, ob dir sonst noch etwas in dieser Art auffällt.

Und jetzt stell dir vor, wie diese weniger schöne Situation kleiner wird. Vielleicht schwebst du davon wie mit einem Raumschiff oder einem fliegenden Teppich. Oder du hast das durch ein Fernrohr von weit oben betrachtet und stellst die Vergrößerung nun schwächer ein, immer schwächer, dass alles langsam kleiner wird. Und du beobachtest dabei, was sich sonst noch verändert.

Du achtest darauf, was sich an der Situation verändert oder an der Umgebung. Vielleicht nimmt die Helligkeit zu oder ab. Oder die Farbigkeit. Oder die Weite. Achte darauf, ob du die Situation nun freundlicher findest als aus der Nähe – oder andersherum. Achte darauf, was sich an deinen Gefühlen verändert, wenn du weiter von der unguten Situation wegkommst.

(3) Stell dir nun vor, dass du die ungute Situation aus einer mittleren Entfernung betrachtest. Du kannst sie so zwar gut erkennen, aber du bist weit genug weg, dass sie dich nicht zu sehr stört.

Betrachte die ungute Situation – und dann verändere ein bisschen ihre Umgebung. Verändere die Umgebung so, dass sie freundlicher wird. Vielleicht machst du sie ein bisschen bunter, oder wärmer, oder heller, oder du stellst dir Dinge darin vor, die du magst. Versuche die Umgebung der unguten Situation ein bisschen freundlicher zu machen. Und achte darauf, ob sich die Situation selbst dabei ein bisschen verändert.

Achte ganz genau darauf, ob du eine Veränderung an der unguten Situation feststellen kannst, wie ein Detektiv. Vielleicht ist die Veränderung ja am Anfang nur klein, so dass sie fast nicht zu merken ist.

Wenn du eine Veränderung festgestellt hast, dann mach sie größer. Sorge einfach dafür, dass die Veränderung immer ein bisschen größer wird, dass die Situation immer ein bisschen besser wird. Und behalte das gute Gefühl dann in dir.

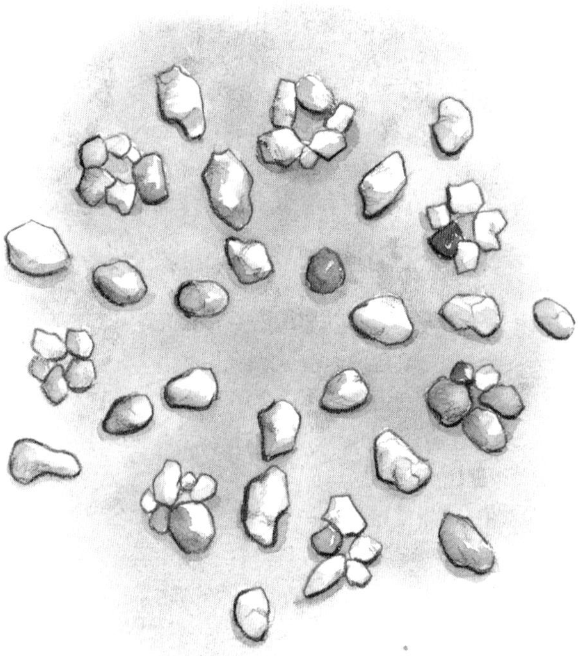

Mandala der Stillesteine

Thema: Stillesteine finden.

Materialien: Auf einem Naturspaziergang sammeln wir Steine, die uns gefallen und die höchstens so groß sind, dass sie in eine geschlossene Hand passen. Wir achten beim Sammeln schon darauf, ob wir in den Steinen Stille hören können. Aber wir nehmen auch andere Steine mit, jeder etwa sechs Steine.

Sinnesübung: „Stillesteine“, s. unten.

Mandalalegen: In der Mitte liegen zunächst die nach der Sinnesübung verbliebenen Steine. Die gefundenen Stillesteine werden in einem ersten Kreis um sie gelegt, dann in einem zweiten Kreis hinter jeden Stillestein ein Stein mit weniger Stille, dann in einem dritten Kreis die Steine ohne Stille. Nun werden die Steine in der Mitte herausgenommen und verwendet, um den Platz zwischen den entstandenen Strahlen zu füllen – aber sie sollten nicht im innersten Kreis (der Stillesteine) liegen und die Strahlen sollten noch erkennbar bleiben. Am Schluss ist die Mitte leer.

Tanz: Beispielsweise der Elemente-Tanz, Anleitung s. S. 33, zum Stück 18 auf der CD.

Malen: Frei nach dem gelegten Mandala oder das Ausmalmandala **, das beiliegt.

Stillesteine

Sinnesübung

Nach einen Gongschlag wird ein Stein in die Hand genommen und ertastet, möglichst mit geschlossenen Augen. Die Kinder sollen darauf achten, ob sie in dem Stein Stille wahrnehmen können. Nach und nach – so wird gesagt – kämen jetzt viele Steine zum Ertasten, es geht darum, einen Stein zu finden, in dem die Stille am besten gehört werden kann, einen, in dem sie mittel stark ist und einen, in dem nichts davon zu spüren ist.

Die Kinder probieren viele Steine aus, holen diese dazu selbst aus der Mitte, in der sie angehäuft sind. Aber, damit es nicht zuviel Verwirrung gibt, immer nur auf einen Gongschlag, und beim nächsten Gongschlag beginnt dann gemeinsam das Hineinhorchen, in Stille.

Wenn ein Kind einen Stein gefunden hat, in dem es die Stille gut „hören“ kann, legt es ihn für sich beiseite, sucht dann noch je einen Stein für weniger und gar keine Stille.

Schließlich hat jedes Kind drei Steine bei sich: seinen Stillestein sowie noch Steine für weniger und gar keine Stille.

Anschließend wird über das Erlebte geredet und das Mandala gelegt.

Federn-Mandala

Thema: Federn aus der Natur.

Materialien: Wir sammeln Federn in der Natur, möglichst viele und verschiedene, aus dem Wald, aus der Stadt (Taubenfedern), vom See (Enten, Schwanenfedern), vom Hühnerhof. Das kann längere Zeit dauern: Tage vorher ankündigen und sammeln!

Mandalalegen: Aus den Federn wird das Mandala gelegt, ohne Vorgaben. Die Mitte kann leer bleiben oder aus Symbolen für Himmel (Tuch) und Wasser (Schale Wasser) bestehen: dem Lebensraum der Vögel.

Sinnesübung: Federn gehen herum, werden erfühlt. In der Mitte kann jemand Federn fallen lassen: ihr unterschiedlicher Fall wird beobachtet.

Fantasiereise: „Federfall“ (S. 56) oder „Schwäne“ (S. 26).

Tanz: Beispielsweise der Elemententanz. Anleitung siehe S. 33, zum Stück 18 auf der CD.

Malen: Freies Malen um eine Mitte.

Blumen-Mandala

Thema: Ein Mandala aus Blumen und Gräsern und dem, was sie zum Leben brauchen.

Materialien: Wir sammeln für Sträuße Blumen und Gräser. Außerdem schauen wir noch nach je einem Gegenstand für die vier Elemente.

Mandalalegen: In die Mitte werden die vier Elemente gelegt: Tuch oder Feder für Himmel, eine Schale Wasser (am besten von einer Quelle), eine Kerze (die hier die Lebenskraft symbolisieren kann), etwas von der Erde. Um die Mitte herum werden die Blumen und Gräser angeordnet.

Sinnesübung: Blumen gehen herum, wir riechen an jeder.

Fantasiereise: „Deine Blume“, s. unten.

Tanz: Der Kirschblütentanz, Anleitung S. 71 ff., Stück 5 auf der CD.

Malen: Frei oder das beiliegende Ausmalmandala.

Ende: Anschließend wird die Mitte aufgelöst, die Blumen und Gräser werden in Vasen gestellt.

Deine Blume
Fantasiereise

Stell dir deine Lieblingsblume vor, deine Lieblingsblume von all den gepflückten Blumen. Vielleicht weißt du, wo sie gepflückt wurde. Stell dir vor, wie dort eine andere solche Blume wächst, deine Lieblingsblume am Morgen.

Tau glänzt auf ihren Blättern. Die Sonne taucht langsam über dem Horizont auf und wärmt sie. Der Tau spiegelt ihr Licht, er blitzt wie Sterne.

Der Tau löst sich auf und vergeht im Himmel. Durch den Himmel fällt eine Feder.

Die Zeit vergeht. Vögel singen in Bäumen. An einer Quelle in der Nähe sprudelt Wasser. Die Sonne steht hoch.

Die Erde unter der Blume ist weit. Die Blume findet einen festen Halt in ihr. Sie gründet tief in ihr. Die Erde nährt die Blume.

Die Blume steht wie eine Flamme, eine lebendige Flamme unter der sinkenden Sonne. Die Welt um sie herum ist weit und offen. Sie erstreckt sich in alle Richtungen. Du spürst ihre Ruhe und Kraft.

Über die Mitte

Ein Mandala besteht aus einer Mitte und aus Dingen, die um die Mitte herum gruppiert sind und die sich aufeinander und zusammen auf diese Mitte beziehen. Über die Dinge handelten die meisten Anleitungen der Mandalareisen. Von der Mitte war nur selten und kurz die Rede. Da hieß es: dort liegen Symbole für die vier Elemente. Oder es wird ein Herz hineingesetzt. Oder – sehr häufig – die Mitte bleibt leer.

Vor allem in ausdrücklich christlich orientierten Mandalabüchern findet sich häufig – direkt und indirekt – die Aussage, die Mitte stehe für Gott.

Das ist sehr einfach und nachvollziehbar: Die Mitte ist das, was allem zugrunde liegt, ist die Quelle jeder Kraft, die wir nur in uns erleben, aber unwillkürlich als etwas außerhalb von uns ansetzen.

Ich halte es allerdings nicht für günstig, die Mitte zu benennen, auch wenn es gerade für Kinder zunächst hilfreich aussehen mag. Es sollte zwar nicht so sein, aber die Benennung „Gott" kann Streit oder Ausgrenzung bringen. Jeder hat seinen eigenen, jede Benennung macht einen eigenen Gott, und die stoßen sich, wenn sie aufeinandertreffen, sie sind offenbar alle sehr nach dem Ebenbilde der jeweiligen Menschen geschaffen. Über das gemeinsame Erleben auch dieses Individuelle hinter sich zu lassen und tatsächlich zu so etwas wie einer gemeinsamen Mitte vorzustoßen, ist ein schöner Gedanke, den ich aber allenfalls gerade im Schweigen, im Nichtbenennen der eigenen Erfahrung verwirklicht gesehen habe.

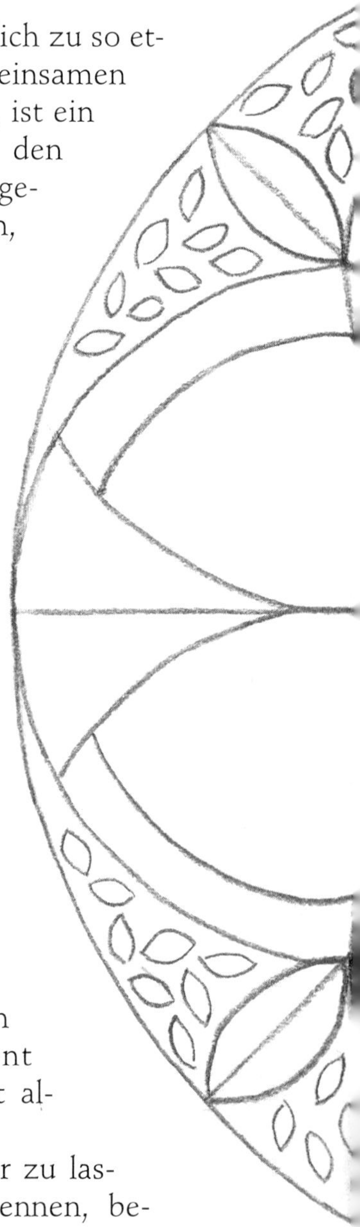

Der Kreis in der Mitte ist leer. Nicht, weil da nichts ist, sondern weil das, was dort ist, nicht benennbar ist, weil es zwar Gegenstand von Erfahrungen sein kann, gleichzeitig aber sozusagen unseren Erkenntnishorizont darstellt. Dieser ist allerdings *innen*.

Diesen Kreis leer zu lassen, nicht zu benennen, bedeutet zu akzeptieren, dass wir einen Erkenntnishorizont haben. Für

mich selbst mag ich kaum umhinkommen, trotzdem Bilder hineinzusetzen. Aber ich weiß, dass es immer nur *meine* Bilder sein können, und ich denke, dass es gerade bei diesem Thema vermessen wäre, meine Bilder zu den Bildern anderer Menschen machen zu wollen.

Die leere Mitte ist so nicht leer, auch diese Leere ist schon ein Symbol. Wenn ich die Mitte symbolhaft leer sein lassen kann, dann kann ich für dieses nicht Aussprechbare auch andere Symbole hineinsetzen. Ich kann die Mitte besetzen mit einer Blume. Die ist dann Statthalterin für diesen Erkenntnishorizont. Er zeigt sich in ihr. Niemand „versteht" eine Blume. Ich denke, das ist ein angemessener Umgang mit der Mitte im Mandala. Gleichgültig aber welcher Umgang gewählt wird, er sollte Raum auch für andere Interpretationen als nur die eigene lassen.

Naturerfahrung

Unsere Umwelt ist weitgehend eine künstliche geworden – auch die Anlage von Parks, Grünflächen, Bächen und Wäldern gehört dazu. „Künstlich“ kommt von Kunst. Kunst gibt es gute und schlechte, an und für sich steckt in der Bezeichnung noch kein Werturteil. Aber das Künstliche, Gemachte muss sich beweisen. Die offene Natur hat dies nicht nötig; wir sind ihre Kinder, sind aufgewachsen in den Linien, die sie uns vorgegeben hat. Naturerfahrung ist deshalb ein Zurückgehen zu den Grundlagen des Menschseins, den Grunderfahrungen des Menschen, zu einem Quell, aus dem Kraft kommt und der Geborgenheit gibt.

Natur ist in allem, was ist. Der Baum in der Fußgängerzone steht eingezwängt, die Wurzeln unter dem Pflaster, das den Regen fortführt, hinein in den Gulli. Aber er tastet sein Mögliches ganz aus, in jeder Lage, in die er gesetzt wird. Er tastet sein Mögliches aus, wie die Knospen und Blüten im Frühjahr. Natur ist immer und überall erfahrbar, nur unsere Augen sehen sie oft nicht, sondern starren auf die Beschränkung.

Naturerfahrung ist für die seelische und körperliche Gesundheit der Menschen sehr wichtig. Es gibt Hinweise, dass die kreativen Fähigkeiten sich besonders günstig bei naher Naturerfahrung entwickeln.

Dieses Bewusstsein rückt auch bei der Kindererziehung zunehmend in den Vordergrund. Naturbezogene Fantasiereisen, Sinnesübungen, Stilleübungen und Meditationen in der Natur setzen sich mehr und mehr durch. Auch die Mandalareisen dieses Buchs versuchen hierzu etwas beizutragen.

Studien über das Verhalten von Kindern in der Natur verweisen aber auch auf etwas, das meistens gar nicht beachtet wird. Warum sind Kinder (in der Regel) gern in der Natur? Sind es die Bäume, der Wind übers Gras, die Vögel, die Schmetterlinge, das Fließen des Wassers, die Ruhe im unbewegten Spiegel des Sees? Es ist etwas von all dem – und noch ein Weiteres: Natur ist für Kinder ein Rückzugsgebiet, ein Ort, an dem sie unbeaufsichtigt spielen können.

Mit Kindern zusammen Natur erfahren zu wollen, kann die Natur den Kindern verleiden.

Wohl zu wenigen Zeiten der Menschheitsgeschichte standen Kinder derart unter Kontrolle der Erwachsenen wie heute. Viele öffentlich hilflos bedauerten Erscheinungen vor allem bei Stadtkindern und bei Jugendlichen dürften nicht zuletzt als Reaktion eben auf diese Kontrolle verstanden werden.

Naturerfahrung mit Kindern muss das berücksichtigen, sie darf nicht dazu dienen, die spärlichen Rückzugsbereiche von Kindern noch weiter zu reduzieren. Die Möglichkeiten der Kinder sollten durch Naturerfahrung erweitert, nicht noch weiter eingeschränkt werden.

Naturerfahrung mit Kindern sollte also vor allem im Aufzeigen von eigenen Möglichkeiten, von neuen Erfahrungsbereichen bestehen. Und es sollten Aufgaben gestellt werden, Aufgaben, die Spaß machen und von den Kindern selbständig durchgeführt werden können. Die Kontrolle sollte gering sein, eigenes Bewegen in der Natur sollte ermutigt werden. Die Kinder einfach zu *lassen* und zu sehen, dass es so gut ist, kann der wichtigste Teil einer gemeinsamen Naturerfahrung von Kindern und Erwachsenen sein.

Fünf Schlüssel – die Mandalareise auf CD

Vorschläge zur Umsetzung

Auf der beigegebenen CD finden sich einige Fantasiereisen, die für die Mandalareisen des Buchs eingesetzt werden können. Sie können den Kindern vorgespielt werden. Wo welche Fantasiereise der CD passt, ist im Buch vermerkt.

Auf die fünf Tanzlieder der CD beziehen sich die Angaben zu den Rundtänzen im Buch. Danach können alle Tänze im Buch durchgeführt werden. Die Zuordnung ist jeweils vermerkt.

Die CD kann auch eigenständig wie ein Hörspiel erlebt werden. „Fünf Schlüssel" ist eine vertonte Mandalareise. Zwei Kinder gelangen durch ein Mandalabuch in eine Welt, in der es fünf Schlüssel zu entdecken gilt. Sie durchwandern diese wie eine Blume aufgebaute Welt. Jedes der vier Blütenblätter entspricht einer Jahreszeit. Das Titelbild von Buch und CD bezieht sich auf diese CD-Reise. An der Quelle beginnen die Kinder und gelangen bis ans Meer, und über das Meer hinein in die Weite des Himmels. Falls kein CD-Spieler zur Verfügung steht: Die Überspielung auf Kassette ist erlaubt, soweit dies nicht gewerblich geschieht.

Der folgende Überblick zeigt die Texte, die Übungen und die Tänze mit der jeweiligen Laufdauer an. Nach den Nummern können die einzelnen Stücke ausgewählt werden. Die übrigen *(Fantasiereisen/Entspannung)* und die Tänze *(Musik)* sind kursiv hervorgehoben.

1. Das Mandalabuch (Text) 3:44
2. Frühlingsblatt 1 (Text) 1:34
3. *Die Quelle (Fantasiereise)* 3:33
4. Frühlingsblatt 2 (Text) 3:23
5. *Kirschblütentanz (Musik)* 2:54
6. Sommerblatt 1 (Text) 0:46
7. *Weg durch die Felder (Fantasiereise)* 3:50
8. Sommerblatt 2 (Text) 2:28
9. Sommerblatt 3 (Text) 4:15
10. *Sonnenstrahlentanz (Musik)* 2:54
11. Herbstblatt 1 (Text) 1:06
12. *Wolken (Fantasiereise mit Musik)* 2:39
13. Herbstblatt 2 (Text) 3:38
14. Herbstblättertanz (Musik) 3:05
15. Winterblatt 1 (Text) 0:43
16. *Schneeland (Fantasiereise mit Musik)* 3:08
17. Winterblatt 2 (Text) 5:13
18. *Schneeflockentanz (Musik)* 3:15
19. Mitte 1 (Text mit Musik) 2:38
20. *Auf den Atem achten (Atementspannung mit Musik)* 3:10
21. Mitte 2 (Text mit Musik) 3:25
22. *Quellentanz (Musik)* 3:32

Anleitungen zu den Tänzen auf der CD

In diesem Kapitel sind die Anleitungen zu den Tänzen auf der CD ausgeführt. Die schriftlichen Anleitungen sind möglichst genau gehalten und werden deshalb oft etwas umständlich wirken. Die Tänze selbst aber sind sehr einfach. Die Anleitungen werden mit kleinen Illustrationen zusätzlich erläutert.

Beim Einstudieren in der Gruppe werden die Schritte am besten erst „trocken“, ohne Musik, vorgemacht. Dann werden sie von allen „trocken“ gelernt. Und schließlich werden sie zur Musik getanzt.

Kirschblütentanz

Die Mitte des Kreises wird gebildet aus einer (am besten blauen) Schale mit Wasser: Sie symbolisiert das Wasser, das jede Blüte zum Leben braucht, und allgemeiner die Quelle und die Erde. Außerdem ist da noch eine Kerze: Sie symbolisiert das Licht, die Sonne, und in diesem Fall auch den Himmel. Auch können bunte Tücher um beide gelegt werden: Sie symbolisieren den Wind und in diesem Fall die Verbindung von Himmel und Erde.

Als Begleitmusik kann Stück 5 auf der CD gewählt werden.

Grundversion

(1) Vor Beginn der Musik stehen alle im Kreis, das Gesicht zur Mitte, dem Wasser und dem Licht zugewandt. Die Augen sind (möglichst) geschlossen, die Arme vor der Brust verschränkt. Die Musik gliedert sich in eine Einleitung, das eigentliche Stück und eine Ausleitung. Mit Beginn der Einleitung beginnt das Erwachen der Kirschblüten. Alle öffnen langsam die Augen. Gleichzeitig werden die Arme weit ausgebreitet. Das kann sehr langsam geschehen, es ist genug Zeit. So stehen die Kinder zum Ende des einleitenden Musikteils mit offenen Augen und wie zu einer Umarmung ausgebreiteten Armen da: Die Kirschblüten haben sich geöffnet.

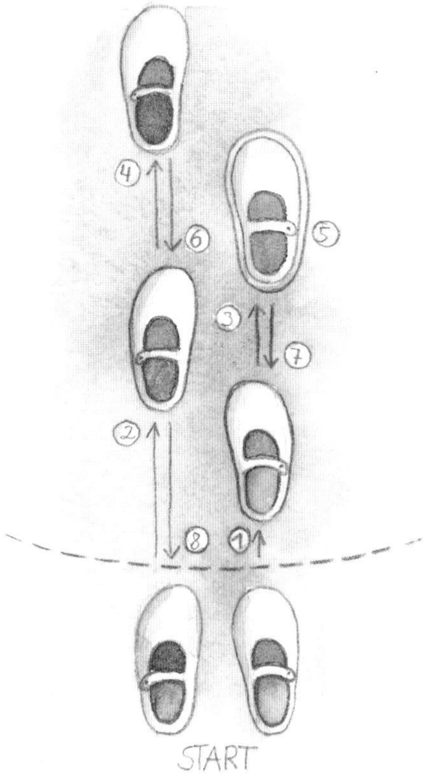

(3) Dann beschreiten wir einen kleinen Kreis nach hinten, die Gesichter dabei immer der Mitte zugewandt: Einen Schritt mit dem rechten Fuß nach seitlich rechts hinten, dann mit dem linken einfach nach hinten, noch weiter zurück als der rechte nun steht, dann mit dem rechten Fuß waagerecht nach links, er kreuzt vor den linken, dann mit dem linken Fuß wieder vor an den alten Platz zur Mitte. Die Stellung der Füße läßt sich gut mit den Ziffern einer Uhr wiedergeben: Der rechte Fuß geht beim ersten Schritt auf 3 Uhr, der linke Fuß beim zweiten Schritt auf 6 Uhr, der rechte Fuß beim dritten Schritt auf 9 Uhr, der linke Fuß beim vierten Schritt auf 12 Uhr. Das sind also vier Schritte, und diese wiederholen sich drei Mal, drei kleine Kreise: zusammen 12 Schritte.

(2) Mit Beginn des Hauptteils, der Orchestermusik, beginnt auch sofort die Schrittfolge (die Arme können dann wieder normal herunterfallen). Um den Einsatz nicht zu verpassen, sind zwei Schläge mit dem Klangholz vorangestellt. Wenn rhythmisch der dritte Schlag kommen sollte, beginnt die Musik und die Schrittfolge. Zunächst geht es, beginnend mit rechts, vier Schritte vor, der Mitte zu, dann, wieder beginnend mit rechts, rückwärts vier Schritte zurück, zum alten Platz: acht Schritte im gleichmäßigen Takt. Diese Schrittfolge wird vier Mal gegangen: insgesamt 32 Schritte.

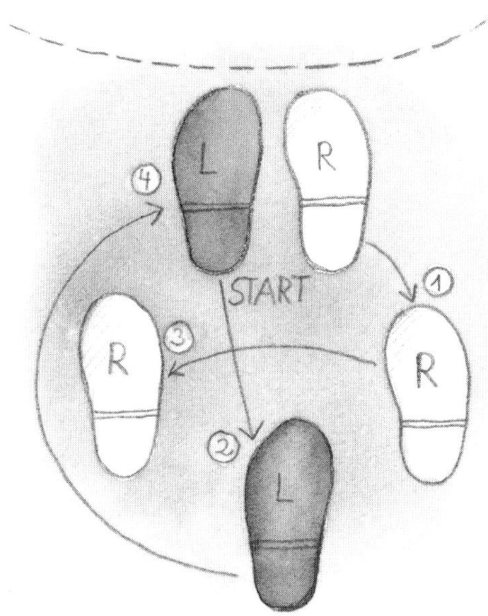

(4) Dann kommt Wiegen: Beide Füße stehen auf dem Boden, das Gewicht lagert erst auf dem rechten Fuß, wechselt dann auf den linken, wieder auf den rechten, wieder auf den linken. Der Oberkörper wiegt sich dabei. Das sind zusammen 4 „Schritte".

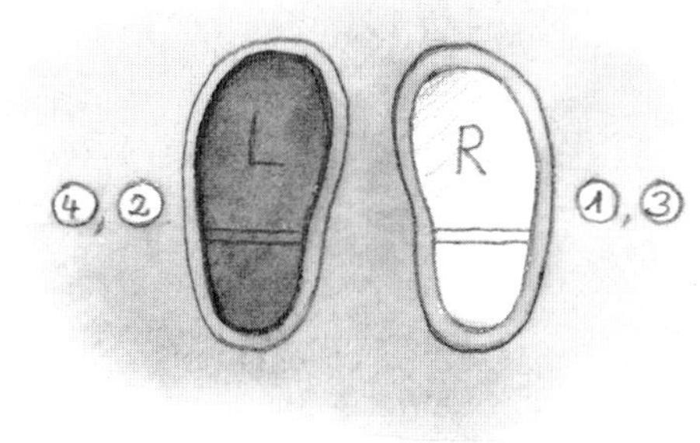

Dann beginnt es von vorne: Die Teile (2) bis (4) werden bis zum Ende des Hauptteils wiederholt.

(5) Wenn die Ausleitung der Musik beginnt (sie ist identisch mit der Einleitung), werden die Arme langsam wieder vor der Brust gekreuzt und die Augen geschlossen. So stehen die Kinder bis zum Ende der Musik. Der Kirschblütentanz ist zu Ende.

Anregungen zu Variationen

Die Schrittfolge (2) kann beispielsweise folgendermaßen verändert werden: Zunächst geht es drei Schritte vor, der Mitte zu, dann einen Schritt zurück, wieder einen vor, und drei Schritte zurück, zum alten Platz.

Oder noch weitergehend: Drei Schritte zur Mitte, etwa beim dritten die Hände der beiden Nachbarn fassen, gemeinsam etwas vor und hoch schwingen, dann einen Schritt zurück (die Hände nach unten und zurück), wieder einen Schritt vor (die Hände wieder vor und hoch), zum alten Platz zurück, die Hände dabei loslassen. Die Hände können bei genügend vielen Kindern auch dauernd gehalten werden.

Die recht langsamen Schritte können interessanter werden, wenn zwischen dem zweiten und dritten immer noch ein schneller Zwischenschritt erfolgt. Am besten man zählt dazu, statt bisher eins, zwei, drei, vier, nun: eins, zwei und drei, vier. „Und" wäre der Zwischenschritt.

Sonnenstrahlentanz

Sonnenstrahlen werden getanzt, um eine Mitte, die Sonne.

Bei vielen Teilnehmern können zwei Kreise um die Mitte gebildet werden, ein innerer und ein äußerer.

Die Teilnehmer stehen in einem Kreis um die Mitte, die Sonne (symbolisch dargestellt durch eine oder mehrere Kerzen), die Gesichter während des ganzen Tanzes nach innen gewandt.

Mit der Musik (Stück 10 auf der CD) beginnt der Tanz. Der Leiter macht vor.

Grundversion

Die Schrittfolge wiederholt sich immer wieder. Erst wird nach innen, dann nach außen gegangen (ein Sonnenstrahl), dann seitlich, um im Sonnenkreis voranzukommen. Am besten wird erst etwas zugehört, um in den Rhythmus zu kommen. Und dann beginnt der Tanz:

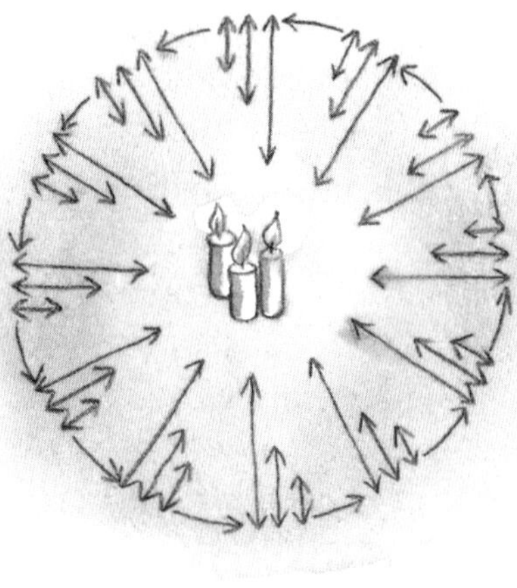

(1) Beginnend mit rechts im Takt vier Schritte nach innen, und gleich wieder rückwärts, gleichfalls beginnend mit rechts, vier Schritte nach außen, an den alten Platz zurück: zusammen acht Schritte.

(2) Beginnend mit rechts zwei Schritte nach innen, und gleich wieder rückwärts beginnend mit rechts zwei Schritte nach außen: zusammen vier Schritte.

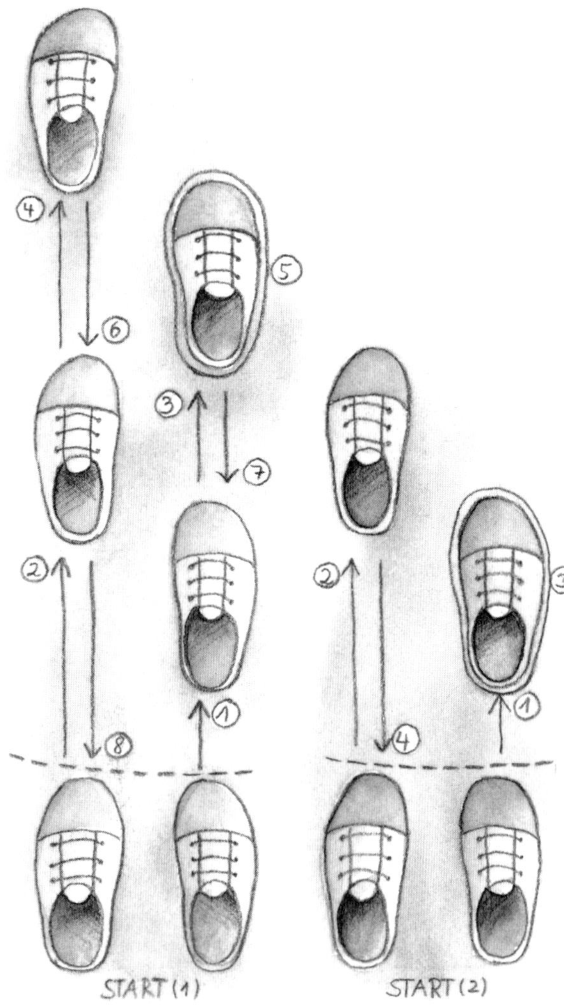

(3) Vorwippen auf rechts, zurückwippen auf links: zwei „Schritte“.

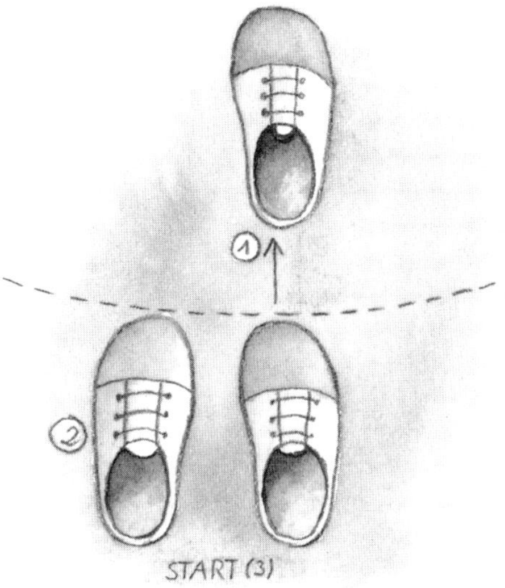

(4) Einen Schritt mit dem rechten Fuß seitwärts, in Tanzrichtung (entgegen dem Uhrzeiger). Dann schließt der linke Fuß an: zwei Schritte.

Und die nächste Strophe beginnt. So bis zum Ende des Stücks.

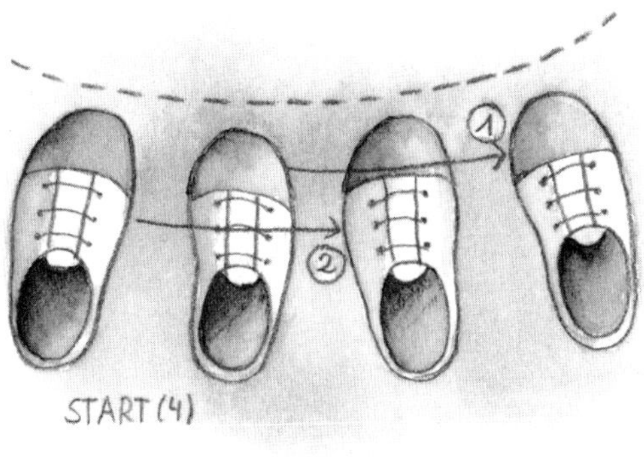

Anregungen zu Variationen

Die Mitte kann auch von einem Teilnehmer übernommen werden, der den Sonnenlauf spielt. Am Morgen hockt das Sonnenkind am Boden, sein Gesicht ist verdeckt. Die „Sonnenstrahlen“ am Kreis stehen still. Mit Beginn der Musik geht die Sonne auf: Das Sonnenkind zeigt sein Gesicht und erhebt sich im Musikverlauf langsam. Wenn es steht, streckt es die Arme hoch. Das ist der Mittag. Dann sinkt es langsam zusammen: Die Sonne geht unter. Mit dem Ende der Musik hockt es wieder am Boden, das Gesicht verborgen.

Diese Rolle verlangt etwas Zeitempfindung. Das Kind sollte den Sonnenlauf einigermaßen flüssig spielen, die Sonne sollte nicht schon wieder versunken sein, wenn die Sonnenstrahlen mitten im Tanz sind. Der Leiter kann hier Hinweise geben, beispielsweise anzeigen, wann etwa Mittag ist.

Die Sonnenstrahlen können vielfältig variiert werden. So können beispielsweise die vier Schritte zur Sonne hin gerade sein, die vier Schritte zurück aber schräg hinausgehen, in Tanzrichtung, so daß die Kinder nicht an denselben Platz am Kreis zurückkommen, sondern bereits versetzt sind. Oder es können hinein vier, hinaus aber fünf Schritte gemacht werden, und einer dann wieder nach außen, dann der Schritt nach rechts und der Anschluß und sofort die nächste Strophe.

Herbstblättertanz

Die Tänzer sind Herbstblätter. Erst tanzen sie die Bewegung im Wind in den Kronen der Bäume, dann den Fall durch den Himmel, der Erde zu, dann liegen sie still auf dem Boden, miteinander, nahe der Mitte.

Die Erde wird durch die Mitte des Tanzkreises symbolisiert. Dort kann beispielsweise ein Tablett mit Herbstblättern (oder überhaupt mit Blättern) liegen.

Die Drehungen der tanzenden Blätter benötigen Platz, das ist bei der Verteilung der Kinder im Kreis zu berücksichtigen. Bei sehr vielen Kindern können auch mehrere Kreise um die Mitte gebildet werden.

Anfangs stehen die Teilnehmer im Kreis, die Gesichter nach innen.

Als Musikunterlegung kann Stück 14 auf der CD genommen werden.

Grundversion

Drei Töne sind Vorlauf, mit dem vierten beginnt der Tanz. Er ist recht schnell, aber nicht schwierig.

(1) Die Tänzer beschreiben einen kleinen Kreis auf ihrem Platz, anders als beim Kirschblütentanz diesmal nach vorne: Der Stand ist zunächst auf dem linken Bein. Beim ersten Schritt wird das rechte Bein vorne vor das linke gekreuzt und ist nun das Standbein. Beim zweiten Schritt geht das linke Bein hinter dem rechten waagerecht nach links, setzt links hinter ihm auf, ist nun das Standbein. Beim dritten Schritt geht das rechte Bein nach hinten, steht nun rechts hinter dem linken und ist Standbein. Beim vierten Schritt geht das linke Bein nach links vorne vor das rechte und ist nun Standbein. Oder in „Uhrzeiten" ausgedrückt:

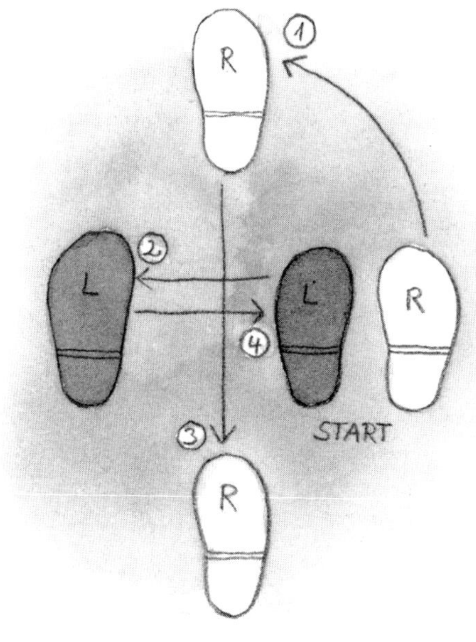

Der linke Fuß (das Standbein) steht zunächst auf 3 Uhr, der rechte Fuß rechts daneben. Beim ersten Schritt geht der rechte Fuß auf 12 Uhr, beim zweiten Schritt der linke Fuß auf 9 Uhr, beim dritten Schritt der rechte Fuß auf 6 Uhr, beim vierten Schritt der linke Fuß auf 3 Uhr (das war auch die Ausgangsstellung). Das wird vier Mal gemacht: sechzehn Schritte.

(2) Wiegen: Das rechte Bein wird nun rechts neben dem linken abgesetzt, ist Standbein. Beim nächsten „Schritt" verlagert sich das Gewicht auf das linke Bein, beim dritten auf das rechte, beim vierten wieder auf das linke Bein. Das vier Mal: sechzehn „Schritte".

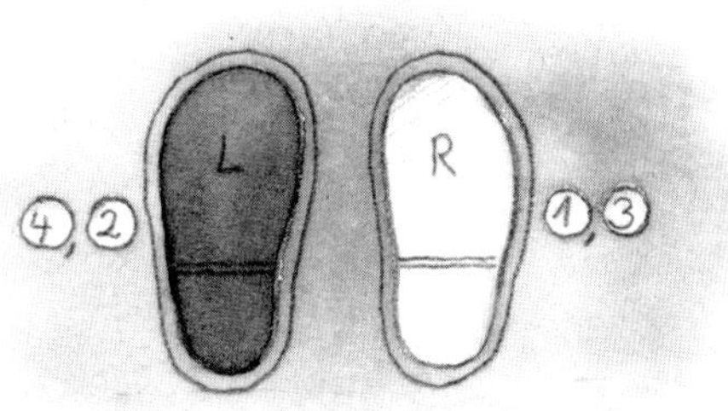

(3) Mit dem ersten, langen und alleinstehenden hohen Ton der Mundharmonika eine Drehung rechts um sich selbst, mit ausgebreiteten Armen, und sofort eine Drehung in Gegenrichtung. Mit dem zweiten, auch noch alleinstehenden Mundharmonikaton eine entsprechende dritte und vierte Drehung. Wem vier Drehungen zuviel sind, kann bei jedem Mundharmonikaton auch nur eine machen, insgesamt also zwei. Mit dem Be-

ginn der Melodie beginnt der nächste Durchgang.

(1) bis (3) werden einige Male wiederholt.

(4) Rechtzeitig, deutlich vor Schluß des Liedes (der Leiter muß ankündigen, daß nun dieser Teil kommt, beispielsweise wenn die bisher recht gleichmäßige Mundharmonika ihren höchsten Ton anstimmt): Mit ausgebreiteten Armen und recht schwankend sowie außer Takt der Mitte zu. Dort sich um das Tablett niederlassen, alle nebeneinander, und ruhen.

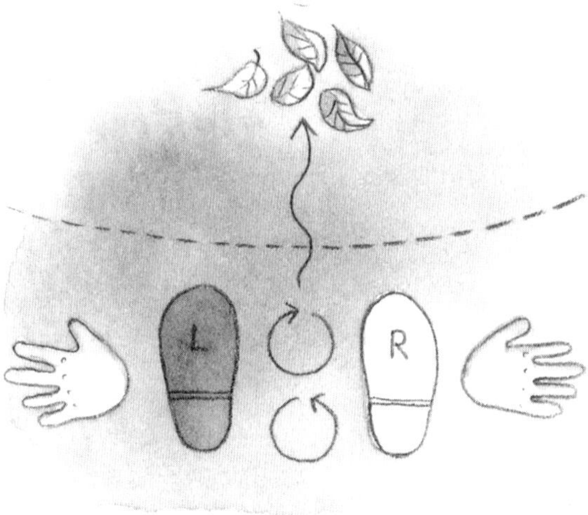

Der erste Teil (1) kann bei jüngeren Kindern auch vereinfacht werden, indem sie auf ihrem Platz im Kreis gehen, außer Takt, das Gesicht aber immer der Mitte zugewandt.

Der zweite Teil (2) kann folgendermaßen verändert werden: Das rechte Bein wird rechts *vor* dem linken abgesetzt, ist Standbein. Beim nächsten „Schritt" verlagert sich das Gewicht auf das linke Bein, beim dritten auf das rechte, das dazu nach hinten geht, beim vierten wieder auf das linke Bein. Das ist wie Wiegen, wobei das linke Bein am Platz bleibt, das rechte aber immer, wenn es Standbein ist, vor und zurück wechselt.

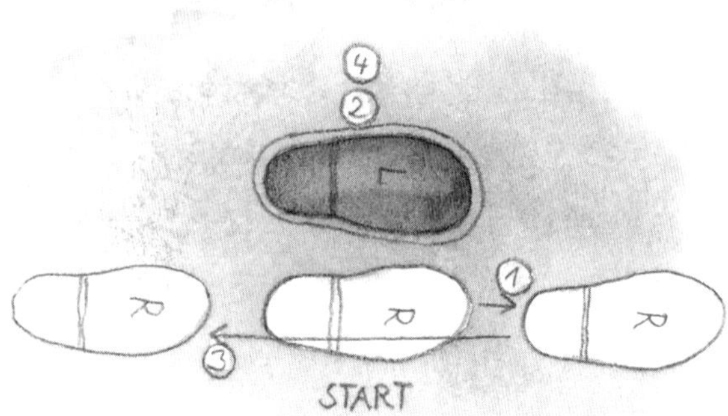

Anregungen zu Variationen

Die Drehungen und die wenn möglich lebhaften Bewegungen der Hände (im Herbstwind) sehen besonders gut aus, wenn die Tänzer Tücher in den Händen halten und bewegen, am besten in Herbstfarben: Gelb und Rot und Braun und dunkleres Grün.

Der vierte Teil kann verändert werden, indem die Kinder erst, wie beschrieben, zur Mitte gehen (oder trippeln), sich dort dann aber an den Händen fassen, alle zusammen erst die Hände hochnehmen, und dann herunter, und diesem Fallen der Hände dann folgen, sich hinlegen um die Blättermitte, dicht beieinander.

Schneeflockentanz

Die Tänzer sind Schneeflocken, sie tanzen den Fall durch den Himmel.

Die Mitte kann einfach durch ein Tuch oder mehrere Tücher gebildet werden, diese symbolisieren den Wind und damit den Himmel, durch den die Schneeflocken tanzen.

Bei vielen Teilnehmern können mehrere Kreise um die Mitte gebildet werden.

Anfangs stehen die Teilnehmer im Kreis, das Gesicht zur Mitte.

Als Musikunterlegung bietet sich Stück 18 auf der CD an.

Grundversion

Zwei schnelle Töne sind Vorlauf, dann beginnen die Schritte.

(1) Beginnend mit rechts vier schnelle (Trippel-) Schritte schräg in den Tanzkreis hinein, in Tanzrichtung (gegen den Uhrzeigersinn, also mit der Zielrichtung: rechts an der Mitte vorbei). Dann zwei langsame Schritte (entsprechen zeitlich den vier schnellen Schritten), gerade nach hinten aus dem Tanzkreis heraus, so daß wir wieder auf dem alten Kreisumfang stehen, aber an anderer Stelle, ein ganzes Stück in Tanzrichtung vorangekommen: vier Schritte. Das wiederholt sich acht Mal, zusammen also 32 Schritte.

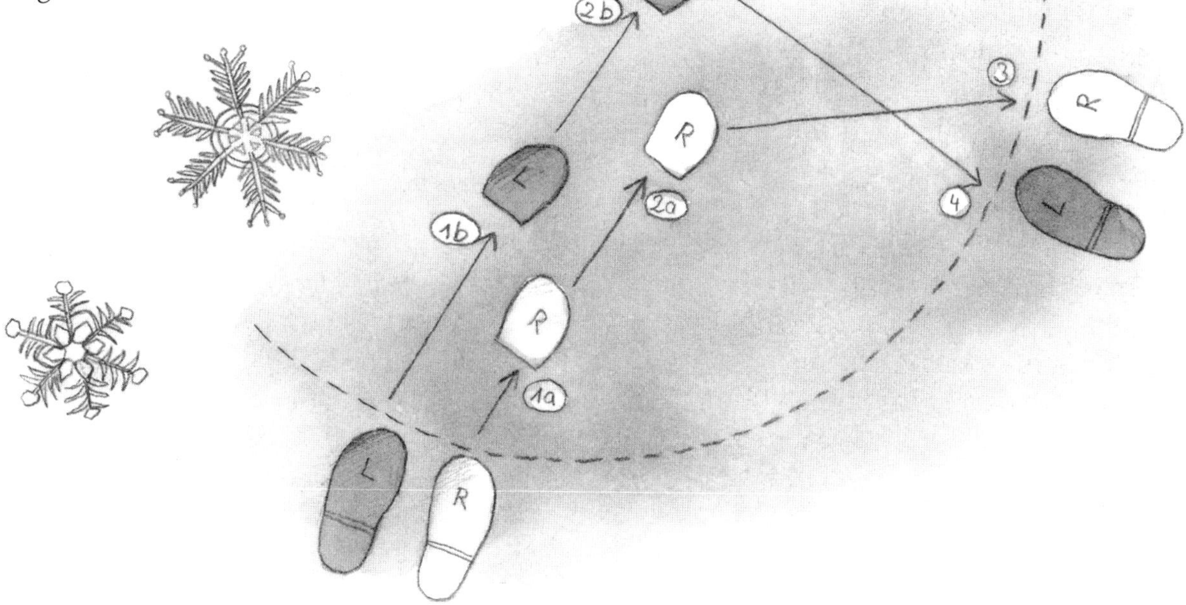

(2) Mit dem ersten der acht gleichhohen und fortlaufenden Synthesizertöne beginnt der nächste Teil: Wir beschreiben auf unserem Platz einen Kreis, in der „langsamen“ Geschwindigkeit, mit der Schrittfolge (2) des Herbstblättertanzes und wehenden Armen (und Tüchern), also beim ersten Schritt das rechte Bein vorne vor das linke (links steht auf 3 Uhr) kreuzen (rechts steht dann auf 12 Uhr), beim zweiten Schritt das linke Bein hinter das rechte ebenfalls nach links (auf 9 Uhr), beim dritten Schritt geht das rechte Bein nach hinten (auf 6 Uhr), beim vierten Taktschlag geht das linke Bein nach links vorne vor das rechte (wieder auf 3 Uhr). Und das wird wiederholt, solange der Synthesizer den regelmäßigen Ton spielt (vier Mal): zusammen 16 Schritte.

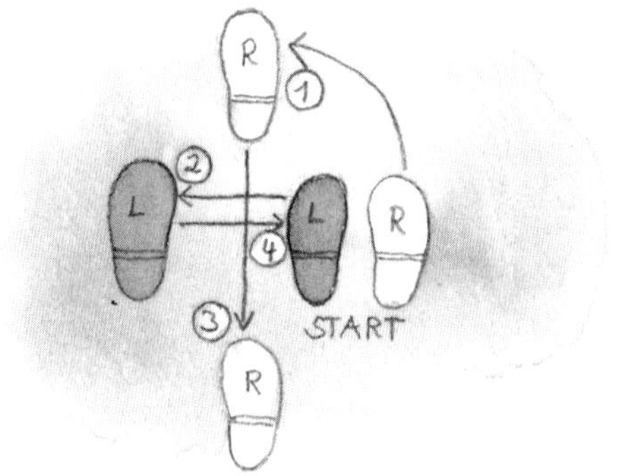

(3) Im folgenden wechseln sich diese beiden Teile ab. Immer mit dem ersten der acht hohen Synthesizertöne kommt (2), dazwischen (1). Als nächstes also vier Mal die Schrittfolge von (1), dann vier Mal die Schrittfolge von (2), und so weiter. Gegen Ende gibt es eine Unregelmäßigkeit: Teil (1) kommt wieder acht Mal, wie am Anfang.

Anregungen zu Variationen

Bei zwei Tänzerkreisen können sich diese gegeneinander bewegen: der eine in Tanzrichtung, der andere entgegengesetzt.

Die Hände können vor allem bei Teil (2) fleißig bewegt werden, mit Tüchern optisch unterstützt.

Der vierte Durchgang von Teil (2) kann durch eine Drehung um die eigene Achse ersetzt werden.

Quellentanz

Von einer symbolischen Quelle wird das Wasser des Lebens (oder des Ursprungs oder der Kraft) geschöpft, zunächst für sich selbst, bei sich selber geborgen. Und dann wird das Wasser verschwendet, verschenkt, verströmt in die Welt.

Der Tanz kann zwar auch allein oder mit wenigen Teilnehmern durchgeführt werden, aber je mehr Teilnehmer, umso besser.

Anfangs stehen alle Teilnehmer im Kreis. In der Mitte des Kreises liegt die Quelle. Sie kann symbolisch dargestellt werden durch eine (blaue) Schale mit Wasser. Vielleicht ist die Mitte noch weiter gestaltet, beispielsweise könnte eine Kerze dort brennen, es könnten Zweige und Tücher dort liegen oder Früchte oder Blätter: was immer das Jahr gerade zeigt.

Mit der Musik (Stück 22 auf der CD) beginnt der Tanz. Zwei Töne sind Vorlauf, dann beginnt die erste Strophe. Der Leiter macht vor. Auch später können die einzelnen Schritte noch mit Worten begleitet werden (aber nicht zuviel dabei reden).

Grundversion

Eine Strophe der Musik enthält folgende Schrittteile:

(1) Die Tänzer gehen in Tanzrichtung (entgegen dem Uhrzeigerlauf) langsam im Kreis: Drei Schritte vor, beginnend mit rechts, einmal zurückwippen (Gewichtsverlagerung auf den linken Fuß nach hinten): vier Schritte. Diesen Teil vier Mal, zusammen also 16 Schritte.

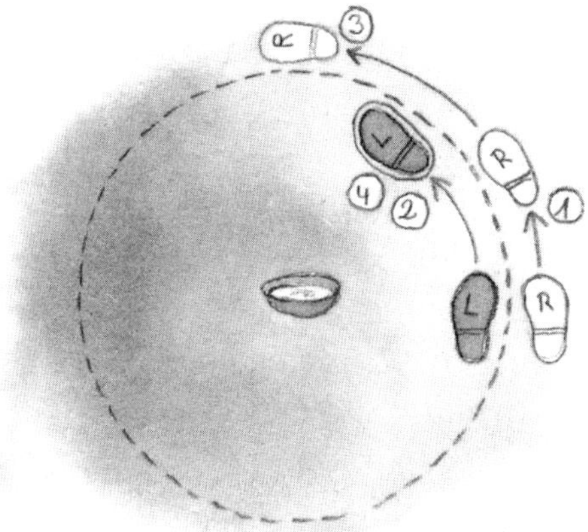

(2) Die Tänzer gehen nach innen, zur Quelle. Die Schritte sind dabei außer Takt, sie werden schneller sein als zuvor. Fließender Übergang zum folgenden:

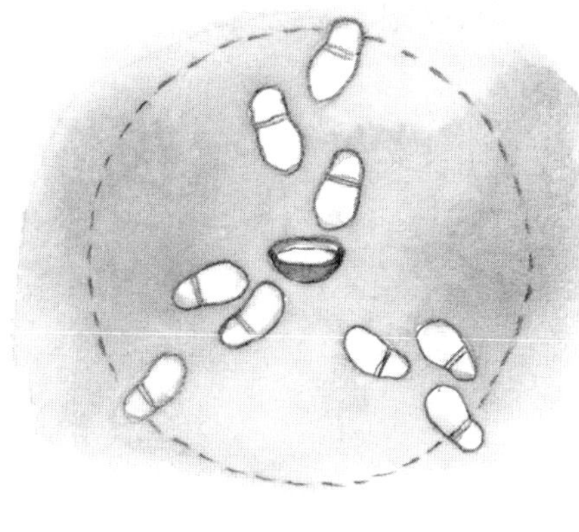

(3) Die Tänzer hocken sich kurz hin oder beugen sich nieder, dicht an der Quelle und dicht nebeneinander, und schöpfen mit beiden Händen symbolisch Wasser aus der Quelle. Das Wasser in der Schale wird aber nicht wirklich berührt. Die Hände werden dabei wie eine Schale aufeinandergelegt. Dann werden die Hände zur eigenen Herzgegend (oder zu Bauch oder Brust) geführt, das Wasser dort bewahrt. Fließender Übergang zum folgenden:

(4) Die Tänzer gehen nach außen, die Hände dabei immer noch wie eine Schale gehalten, mit dem symbolisch geborgenen Wasser. Fließender Übergang zum folgenden:

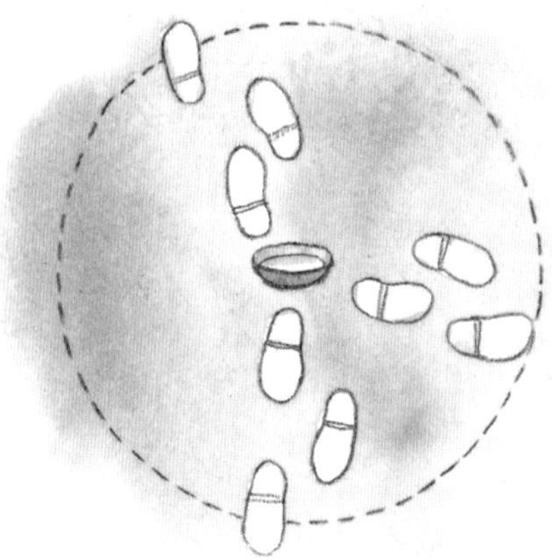

(5) Am Kreis angekommen, bleiben die Teilnehmer stehen, das Gesicht nun nach außen. Sie breiten die Arme aus und verströmen das geschöpfte Wasser symbolisch hinaus in die Welt. Dann stellen sie sich wieder in Tanzrichtung und warten, daß die nächste Strophe beginnt.

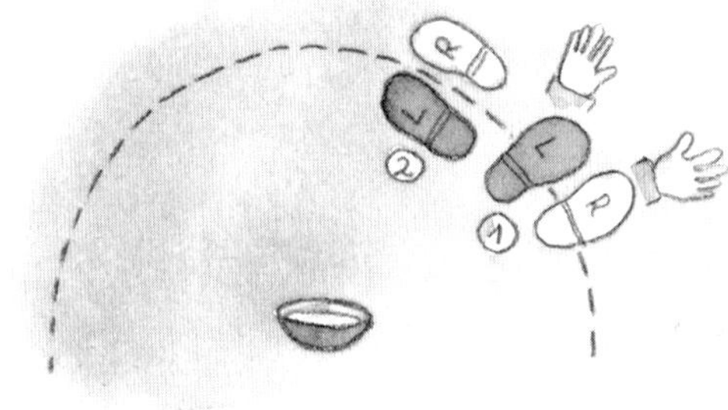

Anregungen zu Variationen

Teil (1) kann variiert werden, indem die Schritte nicht festgelegt sind: wir gehen einfach im Kreis. Oder Teil (1) wird folgendermaßen verändert: Vier Schritte geradeaus, dann Rück-, Vor-, Rück-, Vorwippen. Dies zwei Mal: sechzehn Schritte.

Teil (2) kann variiert werden, indem sich alle Teilnehmer, an der Quelle angelangt, an den Händen fassen und die Hände ganz hoch nehmen. Und dann geht es für alle hinunter, zur Quelle, Wasser zu schöpfen, wobei sich die Hände natürlicherweise wieder voneinander lösen.

Teil (3) kann variiert werden, indem alle nach dem Schöpfen zunächst selbst etwas trinken und erst dann die Hände zum Herzen führen.

Literatur

ARGÜELLES, JOSÉ & MIRIAM ARGÜELLES: Das große Mandala Buch. Aurum, Braunschweig, 1996 (amerikanisches Original 1972), 139 Seiten, 48 DM.

Sehr anregend für Erwachsene, die sich weiter mit dem Thema beschäftigen wollen.

BÖSEKE, HARRY: Feuer – Erde – Wasser – Luft. Buch und Video, zu bez. über den Autor, Gervershagener Str. 4, 51709 Marienheide-Müllenbach, Tel.&Fax 02264 / 1567

In Spielen, Liedern und Erzählungen wird das Zusammenwirken der vier Elemente bei der Erschließung frühester Industrien deutlich. In einem „dörflichen Industriemuseum" im Bergischen Land können die Elemente Raum für Raum durchwandert werden – Kontakt über den Autor.

FRIEBEL, VOLKER: Wie Stille zum Erlebnis wird. Sinnes- und Entspannungsübungen im Kindergarten. Herder, Freiburg im Breisgau, 1995; 127 Seiten, 22 DM.

Eine knappe Einführung, dann folgen Stille- und Sinnesübungen verschiedenster Art, manche auch mit Bewegungsteil. Außerdem einige Stillelieder.

FRIEBEL, VOLKER: Welche Farbe hat die Stille? Wie Kinder lernen, sich zu entspannen. Buch mit Tonkassette. Trias, Stuttgart, 1995, 151 Seiten (Buch) und 52 Minuten (Tonkassette), 39,80 DM.

Eine Einführung in die verschiedenen Arten von Entspannungsübungen (Stilleübungen, Atembeobachtung, Fantasiereisen, autogenes Training usw.). Jeweils Beispiele und Anregungen. Auf der Tonkassette einige vertonte Fantasiereisen und ein Hörspiel zum autogenen Training.

FRIEBEL, VOLKER: Weiße Wolken – Stille Reise. Ruhe und Entspannung für Kinder ab 4 Jahren. Ökotopia, Münster, 1996, 78 Seiten (Buch) sowie 47 Minuten (Tonträger), 42 DM (Kassetten-Version) bzw. 44 DM (CD-Version).

Materialsammlung mit Stilleübungen, Fantasiereisen, Entspannungsgeschichten, Übungen zu Bewegung und Entspannung, thematischen Vorstellungsübungen, einfachen Entspannungs- und Atemübungen. Der Tonträger enthält Vorstellungsübungen, Fantasiereisen und Entspannungsgeschichten, eingebettet in eine Rahmenhandlung.

FRIEBEL, VOLKER: Schlüssel in kleine Hände. Phantasiereisen, Geschichten und Vorstellungsübungen. Herder, Freiburg im Breisgau, 1997, 144 Seiten, 29,80 DM.

Eine Sammlung Fantasiereisen, thematischer Vorstellungsübungen und thematischer Kindergeschichten zur Auseinandersetzung mit Problemen (mit und ohne Entspannung).

FRIEBEL, VOLKER: Die innere Weite erspüren. Aus Fantasiereisen Ruhe und Kraft schöpfen. Walter, Zürich, 1998, 136 Seiten, 62 Minuten, 24,80 DM bzw. 29,95 DM.

Ein Buch und eine gleichnamige CD. Fantasiereisen über Natur und innere Bilder auch zu speziellen Themen. In der Ausformulierung und den meisten Inhalten für Erwachsene.

GEBHARD, ULRICH: Erfahrung von Natur und seelische Gesundheit. In: Seel, Hans-Jürgen; Ralph Sichler & Brigitte Fischerlehner (Hg): Mensch – Natur. Zur Psychologie einer problematischen Beziehung, Westdeutscher Verlag, Opladen, 1993, Seite 127 – 147.

Ein Übersichtsaufsatz zum Naturerleben, auch von Kindern.

HOPPE, GABRIELA: Mit Kindern meditieren. Grundlagen und Anwendungen. Don Bosco Verlag, München, 1995, 92 Seiten, 19,80 DM.

Für Gruppen in Kindergarten und Grundschule. Meditation als innere Sammlung, Stilleübungen, Fantasiereisen, Wahrnehmungsübungen, Bildmeditation, Mandalamalen, Tänze. Sehr gut und höchst anregend die theoretische Einführung und die praktischen Anmerkungen.

LENDNER-FISCHER, SYLVIA: Bewegte Stille. Wie Kinder ihre Lebendigkeit ausdrücken und zur Ruhe finden. Ein Praxisbuch. Kösel, München, 1997, 200 Seiten, 39,80 DM.

Vor allem für Erzieher, auch für Grundschullehrer und Eltern. Unterschiedliche Übungen (oft mit hinführenden Geschichten), zur Bewegung, Sinnesübungen, Entspannungsübungen, Fantasiereisen, Übungen mit Klangschalen, Meditationen, Vokale singen, wilde und meditative Tänze, Massage, auch Reime und Lieder. Gut nachvollziehbar und anregend geschrieben.

MANTEUFEL, EVA & NORBERT SEEGER: Selbsterfahrung mit Kindern und Jugendlichen. Kösel, München, 1992, 197 Seiten, 34 DM.

Eine knappe Einführung, dann drei Sammlungen von Vorstellungsübungen (manchmal auch Spielübungen) zum eigenen Ich (Gefühle, Körperbild, Grenzen, Verwandlung, Wünsche, Krankheit), zu Begegnung und Kontakt mit anderen, zur Entspannung (autogenes Training). Manche Übungen für ein einzelnes Kind, die meisten für Gruppen.

MASCHWITZ, GERDA & RÜDIGER MASCHWITZ: Aus der Mitte malen – heilsame Mandalas. Anregungen für Kinder, Jugendliche und Erwachsene. Mit 20 Malvorlagen. Kösel, München, 1996, 54 Seiten plus 20 Ausmalmandalas, 24,80 DM.
DIES.: Neue Mandalas. Aus der Mitte wachsen. Anregungen für Kinder, Jugendliche und Erwachsene. Mit 23 Malvorlagen. Kösel, München, 1998, 62 Seiten plus 23 Ausmalmandalas, 24,90 DM.

Beide Bücher sind anregend und gut nachvollziehbar geschrieben, mit erklärenden Texten und kleinen Geschichten zu den Ausmalmandalas. Sie wurzeln ganz in einem christlichen Verständnis.

PREUSCHOFF, GISELA: Kinder mit Mandalas zur Stille führen. Kreative Anregungen und praktische Übungen für Eltern und Kinder. Herder, Freiburg im Breisgau, 1997, 157 Seiten, 28 DM.

Eine gute Einführung in das Mandala. Die vielen Anregungen werden alle interessieren, die nach weiteren Möglichkeiten zur Beschäftigung mit Mandalas suchen.

WUILLEMET, SASCHA & ANDREA-ANNA CAVELIUS: Zur Stille finden: Mandalas malen. 85 entspannende Malvorlagen. Pattloch, Augsburg, 1997, 48 Seiten plus 43 Malvorlagen für Erwachsene plus 42 Malvorlagen für Kinder, 19,90 DM.

Die Vorlagen sind zum Teil schon farbig. Das Buch ist hier nicht wegen seines Textteils aufgenommen, sondern wegen der häufig interessanten Malvorlagen.

Autor

Dr. Volker Friebel, Jg. 1956, ist Diplompsychologe und erfolgreicher Autor. Neben den Bestsellern „Entspannung für Kinder“ (rororo Nr. 8563) und „Einschlafen, Ausschlafen, Durchschlafen“ (rororo Nr. 9397) – beide gemeinsam mit Sabine Friedrich – sind über 20 Titel in verschiedenen Verlagen erschienen. Buch und Tonträger „Weiße Wolken – Stille Reise“ aus dem Ökotopia Verlag liegt nach kurzer Zeit bereits in 3. Auflage vor.

Illustratorin

Jutta Knipping, Jg. 1968, gelernte Druckvorlagenherstellerin, hat in Münster Grafik/Design studiert und veröffentlicht ihre Kinderbuchillustrationen in verschiedenen Verlagen; vor allem bei Ökotopia, und unter anderem auch bei Kinderbuchverlag Luzern, Patmos, Kaufmann und Löwes.

Weiterbildung

Der Autor freut sich über Berichte zur Durchführung von Mandalareisen sowie über Kommentare zu Buch und Tonträger. Allein oder gemeinsam mit einer Kollegin bietet er Weiterbildungen zu Entspannungstechniken, meditativen Übungen, Mandalreisen und meditativen Tänzen an.

Kontaktadressen:

Sabine Friedrich
Griesweg 17
72160 Horb-Bildechingen

Volker Friebel
Denzenbergstr. 29
72074 Tübingen